¿Atesorado o Rechazado?

Una guía corta y práctica sobre la Teología de la Vejez

(ACTUALIZADO Y REVISADO)

¿Atesorado o Rechazado?

Una guía corta y práctica sobre la Teología de la Vejez

(ACTUALIZADO Y REVISADO)

Rev. Glenn Bryant Havumaki

ARPress
ILLUMINATING IDEAS.
EMPOWERING VOICES

¿Atesorado o Rechazado?

Una guía corta y práctica sobre la Teología de la Vejez

©2012 Glenn Bryant Havumaki. Segunda impresión, 2024.

ARPress
45 Dan Road Suite 5
Canton, MA 02021

Línea directa: 1(888) 821-0229
Fax: 1(508) 545-7580

Información sobre pedidos:

Ventas al por mayor. Empresas, asociaciones y otros organismos pueden beneficiarse de descuentos especiales en la compra de cantidades. Para obtener más información, comunícate con el editor en la dirección indicada anteriormente.

Impreso en los Estados Unidos de América.

ISBN-13:   Rústica   979-8-89356-300-9
            eBook   979-8-89356-301-6

Número de Control de la Biblioteca del Congreso: 2024900789

Tabla de Contenidos

RESPALDOS IV

DEDICATORIA VI

RECONOCIMIENTOS VII

SOBRE EL AUTOR IX

PREFACIO XIII

INTRODUCCIÓN XVI

CAPÍTULO UNO 1

    MÁS QUE UNA RELACIÓN 2

    VIVIR ES PREPARARSE PARA LA MUERTE 5

    SOLO DE PASO 7

    ¿ÉXITO O ÉXITO? 9

    ¿POR QUÉ ENVEJECE LA GENTE? 10

    DESEOS DE IR AL CIELO 11

    LA CREACIÓN Y LA VIDA 12

    EL PUENTE DEL SIGNIFICADO ETERNO 13

    DEL "HOMBRECITO" AL "GRAN ANCIANO" 17

    LA ETERNIDAD SE DESPLIEGA *EN ALGÚN RINCÓN* DE NUESTRA EXISTENCIA. 18

    REFLEXIONA Y CRECE 20

CAPÍTULO DOS 21

    LAS CANAS NO SIEMPRE EQUIVALEN A UNA MAYOR SABIDURÍA 22

    EL HONOR TRASCIENDE EL MERO RESPETO 24

    REFLEXIONA Y CRECE 30

CAPÍTULO TRES 32

La Adoración Puede Crear Contención 33

El culto no cambia, cambia el estilo 35

Acabados y hartos 36

Integración y Plenitud 40

¿Válido o inválido? 41

A la deriva en aguas desconocidas 44

Los aislados están excluidos 45

"Por favor, ¿no quieres venir a hablar conmigo?" 47

Edadismo 49

La segunda mitad 51

Reflexiona y crece 54

Capítulo Cuatro 56

Apetito de más 57

Quieren al hombre principal 59

La espiritualidad comienza con Dios, ¡no con el hombre! 62

Reconectando el honor y la gloria 64

Reflexiona y crece 69

Capítulo Cinco 70

Dándole cuerda al reloj y recuperando el tiempo 71

Practicar la presencia de Cristo: simplemente "Ser" 74

Lucha y termina con fe 75

¡Los adultos mayores necesitan un propósito! 77

Una nueva salida 80

Desprenderse de las cosas 81

Vivir por encima de las circunstancias 86

La fuente de la aventura 88

AVANZANDO EN LA AVENTURA 90

PROMESAS CONDICIONALES Y CONTINGENTES 91

LA TEOLOGÍA DE ESTAS COSAS 94

¿CUÁL ES EL TÍTULO DE TU HISTORIA? 99

REFLEXIONA Y CRECE 102

CAPÍTULO SEIS 104

DIVULGACIÓN E IDEAS INTERESANTES PARA LOS BOOMERS 108

CAMPAMENTO DE LOS ABUELOS 109

ABUELOS A LOS QUE ACUDIR 110

MÁS QUE UN ESTUDIO BÍBLICO ES EL ESTUDIO DEL CORAZÓN 110

CAER POR LAS RENDIJAS ES DOLOROSO 113

REFLEXIONA Y CRECE 116

REFERENCIAS 118

Respaldos

"Acepté leer este libro como un favor a mi amigo Glenn. Resultó ser un favor para mí. El libro es informativo, interesante, útil y desafiante. Sobre todo es bíblico. Este libro puede ser útil para los que tienen una edad avanzada, pero también para los jóvenes que necesitan ayuda para formular un propósito significativo para sus vidas. Será especialmente útil a los estudiantes del Seminario que se preparan para una vida de ministerio, a los consejeros, a los pastores ocupados y a los líderes de grupos de personas mayores.

Los puntos se ilustran con interesantes historias de interés humano. Al final de cada capítulo hay una sección llamada "Reflexiona y crece", que plantea preguntas penetrantes para que el lector reflexione. Me he beneficiado mucho de la lectura de este libro. Ojalá hubiera podido leerlo cuando me iniciaba en el ministerio". **Dr. Stanley R. Allaby, Pastor Emérito de la Iglesia Congregacional Black Rock en Fairfield, CT, y Profesor Emérito de Homilética en el antiguo Seminario Bethel del Este, Auburn, MA**

"Glenn Havumaki escribe desde la experiencia y con pasión. Sus reflexiones sobre el papel de la iglesia y los adultos mayores deberían estar en el ADN de liderazgo de todo pastor. La Ventana 40/50 es el nuevo reto de la iglesia. Havumaki presenta un caso sólido para equipar y comprometer a los que viven en esa "Ventana" para un ministerio significativo; y para servir, sin olvidar a nuestros 'santos veteranos' cuando *lleguen al giro final de la vida".* **Ward Tannenberg, Escritor, Pastor jubilado, Doctor en Teología**

"Habiendo servido con el Dr. Havumaki como colaborador en el ministerio de ancianos, este libro no me sorprende. En una sociedad que se centra principalmente en la generación más joven, es refrescante ver cómo el Señor puede moldear y utilizar a un individuo para Su propósito expreso. El enfoque único de Glenn sobre el ministerio de los ancianos es pragmático pero profundo y muy fácil de utilizar. A medida que el Dr. Havumaki le entreteje a través de las páginas de este libro, inevitablemente se verá atrapado en su pasión por servir y amar como lo hizo Jesús. Este es un libro sobre la vida desde su génesis hasta el final de los tiempos. Las narraciones son verídicas; las personas, reales. Es un libro sobre usted y sobre mí". **Rev. William H. Echols, Presidente/Director Ejecutivo: Community Chaplain Service, Inc.**

"Sólo el capellán Glenn Havumaki, podía escribir este libro. Ha pasado toda su vida adulta ministrando con adultos mayores y sus palabras reflejan profundidad de experiencia, una teología bien afinada y una pasión contagiosa por el ministerio. El Dr. Havumaki ilustra el valor de Dios para la larga vida a través del estudio de las Escrituras y los viajes de los personajes bíblicos. También comparte las historias inspiradoras y los sabios consejos de adultos mayores, muchos de los cuales transformaron su propia vida a lo largo de los años. Por último, el Dr. Havumaki proporciona ideas prácticas y dinámicas para pastores y líderes eclesiásticos en su ministerio a las generaciones que están "llegando a la mayoría de edad". Hemos servido con el Dr. Havumaki y hemos visto lo profundamente que se preocupa por los adultos mayores, su crecimiento espiritual y su legado. Espero y rezo para que los lectores presten atención a su desafío de atesorar y no desechar a aquellos que han vivido mucho y ahora se encuentran en el umbral de la eternidad." **Richard y Leona Bergstrom Codirectores, Re-Ignite (www.Re-Ignite. net)**

Dedicatoria

Dedico este libro al Señor como expresión de gratitud por los dones espirituales y las habilidades naturales que ha tejido en mi vida. Agradezco las experiencias que Él me ha permitido vivir, las cuales me motivaron a plasmar por escrito aquellas reflexiones que anhelo que, a través de otros, puedan avivar mi devoción por las almas de aquellos mayores de cincuenta años. Además, dedico esta obra a dos destacados ministerios que me han brindado la oportunidad de aprender, servir y crecer en mi comprensión del ministerio con adultos mayores: El Community Chaplain Service, Inc. y el Hogar Bautista Elim Park. Juntos, estos ministerios han enriquecido mi trayectoria con un total de treinta y ocho años de experiencia en el servicio. Que Dios continúe bendiciendo y utilizando estas organizaciones para alentar, cuidar y guiar a muchos a través del puente del significado eterno, llevándolos hacia el cielo y asegurándolos en el conocimiento salvador de Jesucristo.

Reconocimientos

Agradezco profundamente a mi esposa, Sandy, por su inquebrantable paciencia a lo largo de los años. Mientras dedicaba extensas horas al ministerio y posteriormente a la redacción de este libro, ella ha sido mi fuente constante de apoyo. Reconozco con gratitud la pasión que Dios me ha otorgado, motivándome a inspirar a los adultos mayores a crecer en el conocimiento de Jesucristo, la Palabra de Dios, y a servirle con devoción hasta el último aliento. Su contribución en las distintas etapas de edición ha sido invaluable.

Expreso mi agradecimiento a Dios y a los alentadores que cruzaron mi camino durante la reflexión sobre este manuscrito. El grupo de líderes de adultos mayores que asistieron a mi primera presentación sobre la teología del envejecimiento y me instaron a plasmarla en un libro merece un reconocimiento especial. También agradezco al joven pastor que, tras escuchar mi enseñanza en un servicio del día de oración comunitaria, comentó: "Tu enseñanza hoy me ha llevado a reflexionar sobre aspectos en los que nunca antes había pensado". Su invitación a compartir estas ideas con su congregación, a pesar de su juventud, fue un estímulo significativo. Reconozco, asimismo, la alentadora colaboración de un compañero en el ministerio, Paul, quien dedicó tiempo a leer mis reflexiones y me brindó su apoyo como colega en la obra.

Mi gratitud se extiende a aquellos que generosamente se ofrecieron a leer el manuscrito en etapas posteriores, brindando valiosos comentarios y críticas constructivas. Especial reconocimiento a Douglas Fombelle, Decano del Seminario Bethel del Este en el momento de mi publicación original, así como a otros cuyos respaldos se reflejan en las páginas de este libro. En todo este proceso, Dios continuó colocando en mi camino personas que me alentaron a perseverar en la tarea de escribir.

Agradezco sinceramente a la Sra. Kuhrt y a la Sra. Forbes por permitirme compartir las significativas historias de amor y servicio a Dios de sus esposos.

Expreso mi gratitud a mi hijo Erik y a mi nuera Kayla, quienes aceptaron el desafío de preparar el manuscrito final para su presentación.

Quiero manifestar mi agradecimiento al personal de la primera editorial, en particular a Michael Caryl, Asesor Editorial, y a Karla Castellón, quienes brindaron un apoyo invaluable a un autor novel. En esta nueva edición, mi reconocimiento se dirige a Chloe Bennett, Asesora Senior de Autores, y a Phoebe Hamilton, Responsable de Cumplimiento.

Extiendo mi profundo agradecimiento al Dr. Larry Keefauver y a su equipo, quienes editaron el libro y proporcionaron sugerencias sumamente útiles para la presentación final del manuscrito, ayudándome a superar los desafíos de esta obra. También quiero agregar mi agradecimiento a nuestra amiga, Joyce Crandley, por su contribución en la edición de esta última edición del libro.

Reconozco que es posible que haya pasado por alto a alguien en esta lista y, si es así, confío en que Dios conoce mi agradecimiento a todos aquellos que me han alentado en la creación de mi primer libro. ¡Gloria a Dios!

Sobre el Autor

Mi servicio en el ministerio con adultos mayores comenzó en 1976, cuando opté por dejar mi papel pastoral para sumergirme en una iniciativa recién establecida. La visión del reverendo David Kimball, fundador de esta empresa denominada Community Chaplain Service, Inc., consistía en llevar consuelo, atención y el mensaje evangélico de Jesucristo a diversas instituciones, tales como hospitales, residencias de ancianos, prisiones e incluso entornos industriales. El propósito fundamental de este ministerio comunitario era reclutar voluntarios de iglesias locales, capacitándolos para formar un equipo sólido y así poder ministrar en estas diversas instituciones. En esa época, gran parte de nuestro enfoque estaba dirigido a las residencias de ancianos.

Con el tiempo, asumí un rol destacado en el Consejo de Administración, desempeñándome como su Presidente hasta mi renuncia en 2015. Posteriormente, me uní a la Red de Abuelos Cristianos como Socio Ministerial Certificado y actualmente sirvo como presentador del Seminario de Abuelos Valientes.

En las primeras etapas de mi participación en este ministerio, fui designado capellán protestante en cuatro residencias de ancianos. En esa capacidad, organicé y guié un equipo de aproximadamente veinte voluntarios que prestaban servicio en un total de siete residencias de ancianos. Fue durante esta experiencia que el Señor depositó en mí una carga especial por el ministerio con adultos mayores. Descubrí una profunda afinidad con estas personas y reconocí que Dios me había dotado con una personalidad y habilidades específicas que resultaban beneficiosas para este ministerio. Además, mi voz clara y fácilmente audible se convirtió en un instrumento efectivo para comunicar el mensaje a aquellos a quienes servía.

En agosto de 1978, la providencia divina se manifestó cuando mis padres visitaron una comunidad de jubilados en Connecticut. En ese momento, el capellán residente renunció, lo que generó preocupaciones económicas para mi familia, ya que estábamos inmersos en un *ministerio basado en la fe* y acabábamos de dar la bienvenida a nuestro primer hijo. Mi madre, consciente de la situación, me instó a considerar la posibilidad de postularme para el puesto vacante. A pesar de mi satisfacción y los desafíos actuales en mi ministerio, decidí indagar sobre la oportunidad. Después de recibir información detallada, lo dejé en una estantería de mi despacho con la idea de que quizás en el futuro podría considerar esta opción.

Sin embargo, lo que no podía prever en ese momento, a pesar de enfrentar diversos desafíos, fue que, diez meses después, aceptaría la llamada para convertirme en el segundo Capellán a tiempo completo y Director de Ministerios Cristianos en Elim Park, Inc. en Cheshire, Connecticut. Con casi treinta y cinco años de servicio ministerial, puedo afirmar sinceramente que este cambio fue una de las grandes sorpresas de Dios en mi vida. Aunque inicialmente no había considerado la capellanía en una comunidad de jubilados como parte de mi trayectoria, y mucho menos un puesto de tan larga duración, hoy puedo testificar que tanto los residentes, familiares, personal, administración y miembros del consejo han validado continuamente mi ministerio. Me siento bendecida por la oportunidad y agradezco que mi vocación y la bendición de Dios hayan guiado cada paso de mi trayectoria.

Durante más de veinticinco años, he participado activamente en el ministerio de nuestra denominación conocido como Converge Second Half for Him (anteriormente BGC Gold)[1]. Mi enfoque se centró en el ministerio destinado a adultos mayores de cincuenta años, desempeñando el papel de Coordinador a nivel local. A nivel nacional, formé parte de un Equipo de Liderazgo Nacional y tuve el honor de colaborar en un equipo de "reflexión" compuesto por seis personas. A este grupo se le encomendó la tarea de diseñar e implementar un módulo de formación destinado a preparar a las iglesias de nuestra denominación para una mayor eficacia en los ministerios dirigidos a adultos mayores. Como parte de esta responsabilidad, se me solicitó la preparación de una presentación sobre la Teología del Envejecimiento, que finalmente se materializó en este libro.

En marzo de 2004, culminé los requisitos para obtener el título de Doctor en Ministerio y desarrollé una tesis sobre el ***Desarrollo de la Fe en Adultos Mayores que Residen en una Comunidad de Jubilados con Atención Continuada***. Reconocí el ministerio de Elim Park como una extensión de la iglesia local, comprometiéndome a escribir artículos, liderar talleres y buscar formas de desafiar a la iglesia y sus líderes, especialmente a la iglesia evangélica, a comprometerse de manera más profunda con los adultos de cincuenta años o más en sus congregaciones y comunidades.

Desde 1984, he participado de manera continua en un programa de una emisora de radio cristiana local llamado *Bread of Life Devotions*, compartiendo devociones durante la Semana Nacional del Cuidado de

Ancianos. Este compromiso busca recordar a las familias y a la iglesia la importancia de no olvidar a los "confinados en casa" y a los residentes en residencias de ancianos, asegurándonos de que no experimenten ansiedad por la separación y carezcan de atención espiritual.

Es mi esperanza que este libro desafíe al lector a encontrar una base bíblica para el ministerio, preparando a las personas para vivir sus años de adulto mayor con determinación. Los adultos mayores necesitan estar listos para cruzar el *puente del significado eterno* con la confianza de que la vida eterna será suya al entrar en la presencia de Dios junto a Jesucristo.

Prefacio

¿Atesorado o Rechazado?

¡Lo viejo se descarta o se valora! Se desecha si es considerado chatarra, mientras que se aprecia si posee algún valor. Cuando se reconoce como una antigüedad, optamos por conservarlo, exhibirlo y, eventualmente, obtener *un precio considerable* por ello.

A modo de ilustración, hace varios años, al limpiar la casa de mi difunta abuela, mi familia se encontró con una colcha y una funda de sofá antiguas. Mi esposa las trajo a casa no porque las quisiera, sino porque teníamos un anticuario en nuestra ciudad que compraba prendas antiguas. Su consejo repetido era: "¡Nunca tiren nada! Dejen que quienes comprendemos el valor de las cosas echemos primero un vistazo". A pesar de las dudas de mi esposa, decidimos llevar la tela al anticuario en lugar de desecharla. Sin embargo, mi hija, al escuchar nuestra discusión, decidió intervenir y rescató la tela. Más tarde, regresó con la sorprendente suma de 125,00 dólares. Esta experiencia demostró que lo que mi esposa consideraba demasiado antiguo y habría descartado poseía un valor significativo.

El título de este libro surge de esta vivencia familiar. Nos encontramos inmersos en una cultura que busca desechar lo viejo, no solo en términos de objetos, sino también en relación con las personas. A lo largo de estas páginas, invito a examinar a los seres humanos desde la perspectiva divina, desafiándote con lo que, según creo, las Escrituras expresan sobre honrar a Dios y a las personas mayores. Este enfoque se despliega en tres etapas: Respeto, Rechazo y Reconexión.

Es fundamental explorar las Escrituras, ya que existe una base bíblica y teológica sólida para que la iglesia ministre a los adultos mayores de cincuenta años en adelante. Propongo incluir activamente a esta población en la planificación del ministerio, especialmente considerando el rápido crecimiento de este segmento demográfico, casi como una ola imparable, más bien un tsunami.

Aunque existen otros libros sobre el ministerio a adultos mayores que abordan alguna base teológica, y al menos uno que presenta una excelente teología sobre el envejecimiento desde una perspectiva evangélica pero extensa, mi propósito aquí es proporcionar una breve y práctica teología sobre el envejecimiento. Este recurso está destinado a llegar a manos de la familia, estudiantes de seminarios, consejeros, pastores ocupados y líderes del ministerio de adultos mayores en la iglesia local. Aspiro a desafiar a los adultos mayores a encontrar un propósito significativo en esta etapa de sus vidas, ofreciendo una base bíblica y una perspectiva para el ministerio con este creciente segmento de nuestra población.

No podemos ignorar más a este grupo, dado que las estadísticas revelan que un adulto cumple cincuenta años cada siete segundos en Estados Unidos. Este contingente, compuesto por setenta y ocho millones de *baby boomers*, empezó a alcanzar la edad de sesenta y cinco años en 2011 y continuará haciéndolo hasta 2029. En ese año, la mayoría de los analistas demográficos proyectan que aproximadamente uno de cada cinco estadounidenses superará los sesenta y cinco años.

Resulta destacable que, según los datos más recientes del censo, el segmento de la población estadounidense que experimenta el crecimiento más acelerado corresponde a aquellos mayores de 85 años. Además, es importante señalar que alrededor de 1.8 millones de adultos mayores residen en hogares de ancianos en Estados Unidos, y cada año, dos tercios de ellos fallecen, siendo reemplazados con la misma velocidad con la que se desocupan las habitaciones. A menos que la Iglesia reconozca este fenómeno como un campo misionero viable, muchos podrían enfrentar la eternidad sin Cristo. Este grupo representa, en términos misioneros, "un pueblo oculto a la vista de todos" dentro de todas las iglesias de América, con numerosos residentes que estarían receptivos al mensaje del Evangelio[2].

Introducción

Finalizar bien

Al comienzo de mi labor como capellán en una comunidad de jubilados, uno de los residentes compartió una historia durante una orientación para nuevos habitantes de la "residencia". Esta narración dejó una huella profunda y duradera en mi corazón, ya que transmitía un mensaje claro acerca del propósito de la vida para los cristianos ancianos. Esta historia continúa recordándome el objetivo fundamental y duradero de una fe madura mientras desempeño mi ministerio con los adultos mayores.

La historia que comparto es la siguiente: Una pequeña niña tomó sus lápices de colores y un trozo de papel, subiéndose a una silla en la mesa de la cocina para comenzar a dibujar. Después de un tiempo, su madre entró en la cocina y, al pasar junto a la mesa, observó el dibujo por encima del hombro de la niña. Al no poder reconocer nada en el papel, preguntó: "¿Qué estás dibujando, cariño?". La niña miró a su madre con orgullo y respondió: "¡Estoy dibujando a Dios!". Su madre reflexionó un momento y luego le dijo con delicadeza: "Pero, cariño, nadie sabe cómo es Dios". Ante esto, la niña enderezó los hombros, respiró profundamente, miró a su madre y afirmó con una nota de orgullo: "Bueno, lo sabrán cuando haya terminado".

Esta historia destaca cómo nuestras acciones a lo largo de la vida van dando forma a una imagen que revela quiénes somos a los ojos de los demás. Para los adultos en la segunda mitad de la vida, plantea preguntas significativas:

- *¿La imagen que estoy creando con mi vida ofrece a los demás una representación más clara de Dios?*
- *Al llegar al final de mi vida, ¿cómo me recordarán mi familia, mis amigos y mis conocidos?*
- *¿Podrán percibir una imagen mejor de cómo es Dios gracias a mi vida y mi carácter divino?*
- *¿Verán una representación bien definida de una fe madura que se evidenciaba a lo largo de los años?*
- *¿Observarán solo las luchas, las pruebas o quizás algún indicio de demencia?*
- *¿Será la imagen de mi vida la de líneas difuminadas de una fe débil, sin evidencia de un crecimiento sólido y constante?*

¡Son preguntas que invitan a la reflexión! Las últimas líneas que pintan el retrato de la vida del apóstol Pablo se encuentran en las palabras de 2 Timoteo 4:6-7, donde expresa: "Porque ya estoy siendo derramado como una libación, y se acerca el momento de mi partida. He combatido el buen combate, *he acabado la carrera y he guardado la fe*". (La cursiva es mía) Buscar concluir de manera satisfactoria debería ser el propósito de cada adulto mayor cristiano.

Warren Wiersbe incorpora en "Song of the Mid-Life Crisis " una cita de F.B. Meyer, quien le dijo a un amigo: "Espero que mi Padre permita que el río de mi vida fluya plenamente hasta la meta". Posteriormente, el santo predicador británico añadió: "No deseo que termine en un pantano"[3].

¡Terminar de manera honorable es una meta piadosa! Esta es la intención de las Escrituras, ejemplificada por Jesucristo al llegar al final de su vida terrenal y decir: "Te he glorificado en la tierra. *He completado la obra* que me encomendaste". (Juan 17:4, cursiva añadida por el autor).

Capítulo Uno

El Comienzo del Final

Para alcanzar un *final gratificante*, es esencial recordar nuestro punto de partida. Debemos regresar a los inicios de la relación y al propósito divino para la humanidad, que se originó en el Edén y se extiende hasta la tumba. En el Génesis, también conocido como el libro de los comienzos, leemos acerca de la creación del hombre: "Dijo Dios: 'Hagamos al hombre a Nuestra imagen, según Nuestra semejanza...'. Y creó Dios al hombre a *Su* imagen; a imagen de Dios lo creó; varón y hembra los creó" (Génesis 1:26-27). La narrativa detallada de la creación se presenta en el siguiente capítulo: "Y Jehová Dios formó al hombre del polvo de la tierra, y sopló en su nariz aliento de vida, y fue el hombre un ser viviente" (Génesis 2:7).

Dios creó a cada persona a Su imagen, infundiéndole de manera única Su propia vida, dotándola así de conciencia divina y una alma eterna. Además, proporcionó instrucción y provisión, estableciendo un hogar para la humanidad en el Edén. "Jehová Dios plantó un huerto al oriente del Edén, y puso allí al hombre que había formado" (Génesis 2:8), así como un propósito y una tarea: "Fructificad y multiplicaos; llenad la tierra y sojuzgadla; señoread en los peces del mar, en las aves de los cielos y en todos los seres vivientes que se mueven sobre la tierra" (Génesis 1:28). Además, Dios creó la institución familiar cuando Adán sintió la necesidad de compañía.

"Entonces Adán dio nombre a todos los animales domésticos, a las aves del cielo y a todas las bestias del campo. Pero no se encontró para Adán una ayuda comparable a él" (Génesis 2:20). Dios respondió a esta necesidad: "Y Jehová Dios hizo caer sueño profundo sobre Adán, y éste durmió; y tomó una de sus costillas, y cerró la carne en su lugar. Y de la costilla que Yahveh Dios había tomado del hombre hizo una mujer, y la trajo al hombre. Y Adán dijo: 'Esto es ahora hueso de mis huesos y carne de mi carne; se llamará Mujer, porque fue tomada del Hombre'" (Génesis 2:21-23).

MÁS QUE UNA RELACIÓN

Cuando Dios creó los cielos, la tierra y todo su contenido, excluyendo a la humanidad, declaró: "Es bueno". Sin embargo, al crear a la humanidad a Su imagen, recibió una respuesta aún más estimulante de Dios: "Es *muy* bueno". Los seres humanos ocupan un lugar especial en la creación, ya que Dios sopló en sus narices vida, haciéndolos seres vivientes (Génesis 2:8). Están diseñados para tener una relación única con Dios, una relación de honor. Fueron creados no solo para esta relación exclusiva, sino también para asumir responsabilidades y encontrar propósito en el mundo que los rodea. La humanidad no solo fue creada a imagen de Dios, sino también a Su semejanza.

Hombres y mujeres poseen emociones, creatividad, la capacidad de estar en comunión con Dios y un cuerpo diseñado por Él desde la eternidad: el mismo tipo de cuerpo que Él mismo tendría un día (Gálatas 4:4). Jesús nació para morir (Hebreos 10:5-10). La vida humana podría haber sido eterna, sin la sombra de la muerte, si no fuera por el pecado. En el jardín, Dios advirtió a Adán: "De todo árbol del jardín puedes comer libremente; pero del árbol de la ciencia del bien y del mal no comerás, porque el día que de él comas, ciertamente morirás" (Génesis 2:16-17).

La transgresión inicial resultó en una doble pérdida: la separación espiritual de Dios y la alienación respecto a sus semejantes. El pecado introdujo en el mundo elementos que contribuyen al proceso de envejecimiento y, en última instancia, culminan en la muerte: el arduo trabajo, el sudor de la frente, la enfermedad, la aflicción, la tristeza, y el dolor insoportable durante el parto, entre otros. En Génesis 3:19, Dios declaró: "Con el sudor de tu rostro comerás el pan, hasta que vuelvas a la tierra, porque de ella fuiste tomado; pues polvo *eres*, y al polvo volverás". El ser humano, creado del polvo según la orden divina, regresaría a él por la misma orden, es decir, a través de la muerte (cf. Hebreos 9:27). De ahí que la expresión "polvo al polvo" resuene con frecuencia en las despedidas finales en los cementerios. Como señala el salmista: "Pues él conoce nuestra condición; se acuerda de que somos polvo" (Salmo 103:14). En otras palabras, Dios comprendía las debilidades humanas desencadenadas por el pecado original, pero junto con el problema surgió la solución: la promesa del Salvador, quien se convirtió en el medio de salvación para la humanidad.

> No importa lo sanos que estemos o lo mucho que vivamos, e incluso con toda la investigación, los avances médicos y los programas de bienestar disponibles para aumentar nuestra esperanza de vida a cien años o más; nos espera el polvo y la tumba, a menos que el Señor vuelva antes para llevarse a Sus seres queridos a casa.

Dios, en su conocimiento de nuestra fragilidad y duración limitada, promete proveer todo lo necesario para preservar esta morada temporal hasta que llegue el momento de retornar al *polvo*. El Salmista también nos recalca que solo Dios conoce el número de días que cada uno de nosotros pasará en esta tierra. Su Palabra afirma: "En tu libro estaban escritos todos los días que me fueron dados, antes de que se formara uno solo de ellos" (Salmo 139:16).

¡Qué recordatorio extraordinario! Dios no solo conoce el fin desde el principio, sino cada momento intermedio, desde la concepción hasta la muerte. A pesar de la salud, la longevidad, los avances médicos y los esfuerzos para aumentar nuestra esperanza de vida, todos nos encaminamos hacia el polvo y la tumba, a menos que el Señor regrese antes para llevarse a sus amados a casa. Físicamente, residimos en el planeta Tierra solo mientras Dios lo permita. ¡Su voluntad prevalece sobre la nuestra! El Salmo 90:10 resuena con estas palabras: "Los días de nuestra vida *son* setenta años; y si en los más robustos *son* ochenta años, con todo, su fortaleza es molestia y trabajo, porque pronto pasan, y volamos".

Cuando nos volvemos sinceramente a Dios por medio de Su Hijo, Jesús, "pasamos de muerte a vida" (Romanos 5:8-10). La imagen pecaminosa y estropeada es restaurada por la gracia y la fe en Jesucristo. Dios ofrece el perdón de los pecados, la reconciliación y la vida eterna a la humanidad mediante la recepción de Su Hijo. Fuera de Jesús, no hay oferta de perdón, sólo la perspectiva de la separación eterna de Dios. Cuando invitamos a Jesús a nuestra vida, Su espíritu nos hace eternamente vivos en Él y comienza el proceso de restauración. La vida del Hijo, la verdadera imagen de Dios, se forma en nosotros y se nos promete la vida eterna con nuestro Creador. Nos promete que seremos hechos perfectamente semejantes a Él (1 Corintios 15:47-54). Cuando nos convertimos en creyentes mediante el nuevo nacimiento (Juan 3:3 - 7), el Creador (Colosenses 1:16; Juan 1:1, 3, 10; Hebreos 1: 1 - 2; Efesios 3:8-9) de la vida nos da nueva vida y somos "renovados en el conocimiento según la imagen de Aquel que lo creó" (Colosenses 3:10).

VIVIR ES PREPARARSE PARA LA MUERTE

Permíteme presentarte a un hombre extraordinario, Wesley Kuhrt. (**Nota:** *Se han cambiado los nombres, excepto Wesley Kuhrt y Lou Forbes, para preservar la privacidad. He obtenido el permiso de las esposas para revelar sus nombres en estas historias significativas*). Conocí a Wes durante una presentación de ministerio en la iglesia a la que asistía un domingo por la noche. Al entrar, lo vi limpiando los baños y moviendo sillas con una fregona en la mano, lo cual asumí indicaba que era el conserje. No fue hasta después cuando descubrí la vida extraordinaria de este hombre.

Wes era uno de los miembros fundadores de la iglesia, y detrás de su modesta apariencia se encontraba un hombre con una familia admirable. Anteriormente, había sido Vicepresidente Senior de Tecnología en United Technologies, una empresa dedicada a la producción de materiales para los sistemas de defensa de Estados Unidos. También desempeñó roles destacados en Otis Elevator y otras empresas en Connecticut y globalmente.

En una etapa de su vida, lideró como Presidente de Sikorsky Aircraft en Stratford, Connecticut, transformándola de números rojos a un éxito empresarial. Su humildad quedó patente cuando, a pesar de que United Technologies planeaba poner su nombre en un edificio en Florida, él optó por no informar a su familia sobre tal honor. Incluso cuando sus hijos fueron sorprendidos volando a Florida para la dedicación, él seguía siendo humilde.

A pesar de su capacidad, posición y recursos, Wesley Kuhrt era ante todo un hombre de Dios humilde, cuya vida impactó a muchos para Cristo. Tras su retiro, formó parte del consejo de una empresa inglesa y viajaba a Inglaterra en el avión Concord una vez al mes. Me compartió que aprovechaba esos momentos de viaje para orar por Elim Park y por mi ministerio como capellán.

Fui bendecido por la vida de este hombre mientras me animaba en oración. Su trágica partida tuvo lugar como resultado de un accidente automovilístico. Inmediatamente después de su fallecimiento, mientras el pastor de la iglesia salía de la habitación del hospital junto a la hermana de Wes, Prudence, expresó: "*Por este día, Wes vivió toda su vida*". Esas palabras quedaron imborrables en mi memoria.

La señora Wesley Kuhrt me entregó una copia de una carta que comunicaba el deseo de la empresa de recordar y rendir homenaje a Wes tras su muerte. El Presidente y CEO de United Technologies escribió: "Como sabes, hemos estado explorando maneras de honrar a Wes por sus numerosos años de servicio distinguido a la Corporación. Las opciones eran bastante convencionales: becas, cátedras y placas. Sin embargo, ninguna de estas formas de homenaje parecía completamente apropiada. Tanto para mí como para otros que conocieron a Wes, la mejor manera de mostrar nuestro respeto es alentar a otros a seguir su ejemplo de compasión y atención". La empresa se asoció con la YMCA para crear el Premio Wesley A. Kuhrt a la Ciudadanía Juvenil por el Servicio Comunitario, destinado a honrar a jóvenes de la zona, con edades entre quince y veinte años, que contribuyeran regularmente al bienestar de su comunidad. Su esposa, Elaine, comentó: "Me pareció muy especial que una empresa secular quisiera honrar a Wes por su compasión y cariño". Asimismo, señaló que este programa, ahora en su vigésimo segundo año, otorga cuatro premios de mil dólares cada año a jóvenes que cumplen con los requisitos de este distinguido galardón que honra a un hombre que dedicó su vida a honrar a los demás.

¡Concluir bien! ¡Dejar un legado! Hace algún tiempo, encontré una afirmación que decía algo así: necesitamos vivir vidas que no se definan tanto por la duración, sino más bien por la donación. Debemos

> **Necesitamos vivir vidas que no se definan tanto por la duración, sino más bien por la donación.**

encarar la vida preparándonos para el día en que partamos, ya que abordarla con esa mentalidad nos hace más aptos para mejorar la calidad de nuestras vidas terrenales. Nuestras vidas deben estar impregnadas de un carácter piadoso que refleje a Cristo y sea honrado por la comunidad de creyentes, el mundo que nos rodea y, sobre todo, por Dios.

SOLO DE PASO

Al día siguiente de iniciar un estudio bíblico para el personal, una enfermera de aproximadamente cincuenta años se acercó y expresó: "Estuve despierta toda la noche reflexionando sobre algo que mencionaste anoche. Dijiste que las buenas obras no son suficientes para asegurar la vida eterna en el cielo. Si eso es cierto, ¿cómo puedo estar segura de alcanzarlo?".

Tuve la oportunidad de explicarle que solo la fe en Jesucristo, Su sacrificio en la cruz en nuestro lugar y Su victoria sobre la muerte mediante la resurrección son fundamentales para la salvación. Su respuesta fue simple pero decidida: "¡Quiero hacerlo!". Ya que se dirigía a una consulta de enfermería, le entregué un folleto que detallaba el camino de la salvación, sugiriéndole que lo leyera después del trabajo y me llamara si surgían preguntas.

Al día siguiente, vino a verme y compartió emocionada: "Anoche recé la oración del folleto y entregué mi vida a Cristo. ¡Hoy me siento muy bien!". Desde entonces, ha experimentado un crecimiento en su recién descubierta relación con Cristo y con frecuencia comparte cómo su vida ha cambiado desde ese "día de decisión". Recientemente, se acercó y expresó con lágrimas de alegría: "Necesito preguntarte algo. ¿Estoy bien o estoy volviéndome loca? Aunque solo tengo cincuenta y tantos años, mis perspectivas sobre la vida en este mundo están cambiando. Mis pensamientos difieren de lo que eran antes de esta nueva vida en Cristo".

Con emoción, continuó: "No estoy deprimida ni nada por el estilo, pero he estado leyendo un libro y participando en un estudio bíblico que me está ayudando a comprender el propósito de la vida. No creo que esta vida terrenal sea todo lo que existe". Le respondí compartiendo la experiencia de mi madre, de ochenta y siete años, quien a menudo canta: "Este mundo no es mi hogar, solo estoy de paso. Si el cielo no es mi hogar, entonces, Señor, ¿qué haré?".

El creyente puede prepararse con confianza para ingresar plenamente a la gloria (2 Pedro 1:11, RV) sin remordimientos ni lamentaciones. Al vivir una vida que honra al Creador, Él nos brindará un honor y respeto que superan cualquier imaginación, incluso después de nuestro retorno al polvo. Esta perspectiva, en comparación con la mentalidad que lleva al hombre a prolongar la vida y revertir el envejecimiento, ofrece una visión diferente de la enfermedad, los cambios en la salud y capacidades, así como la muerte inevitable en la vejez.

Considero que Wes Kuhrt vivió cada día como si fuera el último. Desde el principio, Adán enfrentó una elección: confiar en Dios o en sí mismo. La confianza humana en sí misma es autosuficiente, poco confiable y limitada en la visión de la vida, al confiar más en sus propias fuerzas que en Aquel que le dio vida. Al final, todos los esfuerzos propios resultan en vano.

¿ÉXITO O ÉXITO?

El ser humano, inquieto por naturaleza, rara vez halla satisfacción en las búsquedas terrenales. Anhela un propósito más elevado que solo puede descubrir en la comunión con Dios (véase Eclesiastés 3:11-15). Mientras redacto estas líneas, reflexiono sobre el reciente fallecimiento de Chuck Colson, conocido por su participación en el escándalo Watergate y su posterior conversión a Cristo, que lo llevó a fundar Prison Fellowship. En una entrevista radiofónica, compartió: "Poseía todo lo que la vida podía ofrecer: una posición de

> El ser humano, inquieto por naturaleza, rara vez halla satisfacción en las búsquedas terrenales. Anhela un propósito más elevado que solo puede descubrir en la comunión con Dios

poder cercana al Presidente de los Estados Unidos y la exitosa dirección de su campaña para un segundo mandato. Sin embargo, al dejar mi cargo y regresar a mi bufete, me desperté la mañana siguiente sintiendo un inmenso vacío interior".

El propósito divino no se descubre con esfuerzos individuales, sino al establecer una relación con Dios y buscar Su dirección (Eclesiastés 3:19-22). De lo contrario, todo es vanidad, ya que compartimos un destino común: polvo somos y al polvo retornamos. Sin Dios, la vida carece de significado, y con la muerte, el cuerpo vuelve al polvo y el espíritu a Dios. Luego, el juicio: "Dios someterá a juicio toda obra, incluso las más secretas, sean buenas o malas" (12:7, 14).

La eternidad reside en el corazón humano, pues Dios insufló el aliento de vida en sus fosas nasales. El verdadero propósito y un final digno solo se encuentran al establecer una relación con Dios a través de Jesucristo. Una vez establecida, el anhelo humano debe ser nutrirla hasta convertirla en la prioridad suprema.

Con el paso de los años, el deseo de complacer a Dios y estar en Su presencia se torna el foco principal de la vida. Como Wes Kuhrt, el anciano piadoso puede vivir cada día como si fuera el último, permitiéndole concluir su jornada terrenal de manera significativa.

¿POR QUÉ ENVEJECE LA GENTE?

Hace algunos años, presencié a un conferenciante relatar la siguiente anécdota. En medio de una conferencia, un individuo se le acercó en el pasillo con una pregunta impactante: "¿Por qué envejece la gente?". Este momento coincidió con una fase difícil de su vida, ya que acababa de despedir a su hijo de treinta años en el último adiós. La respuesta que surgió de sus labios reveló el peso de su reciente pérdida: "¡Para que se preparen para morir!". Conmovido, compartió sus reflexiones adicionales, expresando que su hijo, recién fallecido a los treinta años, probablemente habría respondido de manera similar si Dios le hubiera preguntado sobre su disposición para ascender al cielo. Imaginó que su hijo habría dicho: "¡*No! No estoy listo todavía; hay algunas cosas que me gustaría experimentar, alcanzar y lograr en mi vida. No, ahora no... un poco más tarde, por favor*".

DESEOS DE IR AL CIELO

> **A medida que avanzamos en la vida y nos enfrentamos a diversas luchas, como la pérdida de amigos, desafíos físicos y mentales, las promesas de bendiciones en la gloria celestial se tornan irresistiblemente atractivas.**

A medida que avanzamos en la vida y nos enfrentamos a diversas luchas, como la pérdida de amigos, desafíos físicos y mentales, las promesas de bendiciones en la gloria celestial se tornan irresistiblemente atractivas. Surge una anticipación y un anhelo por el cielo. Un orador reflexionó sobre esta cuestión y, cuanto más meditaba, más convencido estaba de su veracidad. ¿Por qué envejecemos? Quizás, para prepararnos para el inevitable encuentro con la muerte.

Recuerdo a Agnes, una mujer que residía en Elim Park. En mis primeros días como capellán, dirigía un servicio funerario en nuestra capilla. En aquel entonces, era común mostrar el ataúd durante el servicio, permitiendo una hora de visita antes para rendir homenaje y consolar a la familia. Los residentes ingresaban a la capilla, dirigían sus pasos hacia el frente para contemplar el féretro y luego tomaban asiento para la ceremonia. Mientras yo conversaba con el personal de la funeraria en la parte posterior, Agnes se acercó al ataúd, tomó la mano de su amiga y comenzó a expresar su lamento: "Oh, Señor, si fuera yo... Si pudiera ir a casa en la gloria... Oh, sí, estaría tan contenta... Oh, Señor, qué felices deben de ser... Si fuera yo... ¡Llévame a casa, querido Señor!".

En ese instante, uno de los empleados de la funeraria me preguntó: "¿Está bien?". Mi respuesta fue afirmativa: "Sí, está celosa del cielo". Agnes estaba preparada y anhelante de que el Señor la llevara a casa, mientras atravesaba con dificultad la novena década de su vida.

LA CREACIÓN Y LA VIDA

Según las Escrituras, la creación del ser humano se compone de dos aspectos fundamentales: 1) su formación a partir del polvo de la tierra y 2) la

> El hombre fue creado con honor y dignidad, a semejanza de Dios, y está llamado a vivir sus días con propósito, reflejando la imagen divina hasta el último aliento.

insuflación divina de aliento de vida en su nariz. Charles G. Oakes afirmó que al ser dotado de vida, el ser humano se convierte en "un alma viviente" (Génesis 2:7b), y en el núcleo de esta alma residen las cualidades singulares que reflejan la imagen de Dios. Este relato primordial de la creación establece una distinción clara entre el cuerpo y el alma, donde el cuerpo se origina en el polvo terrenal, mientras que el alma proviene directamente de la divinidad de Dios. Esta distinción se mantiene a lo largo de la Biblia, explicándose como sustancias y orígenes diversos. Como sabiamente señala el proverbio, el cuerpo regresa al polvo, y el espíritu retorna a Dios, su dador. El ser humano, por tanto, forma parte de un grandioso plan que abarca su decadencia física y su transición hacia la muerte.

Quizás con esta realidad en mente, el apóstol Pablo escribe en 2 Corintios 4:16: "Por tanto, no desmayamos. Aunque nuestro ser externo perece, nuestro ser interior se renueva día tras día". Resulta intrigante observar que, según la NVI, el ser se "consume", mientras que la NASV utiliza la expresión "se descompone". En cualquier caso, la imagen que se proyecta es elocuente.

El hombre fue creado con honor y dignidad, a semejanza de Dios, y está llamado a vivir sus días con propósito, reflejando la imagen divina hasta el último aliento. Tanto la familia biológica como la comunidad eclesiástica desempeñan roles cruciales para el cumplimiento de la vida humana. Mantener una conexión con Dios proveerá la fortaleza interna necesaria para enfrentar los desafíos, cambios y crisis que surgen en el proceso de envejecimiento. Además, la presencia y apoyo de la familia, así como de la comunidad eclesiástica, ofrecerán el ánimo necesario para atravesar todas las circunstancias de la vida terrenal.

EL PUENTE DEL SIGNIFICADO ETERNO

Al iniciar mi ministerio con los adultos mayores, Dios me reveló una imagen que ilustra la duración de la vida humana, desde su origen terrenal hasta la eternidad, como se representa en el siguiente diagrama.

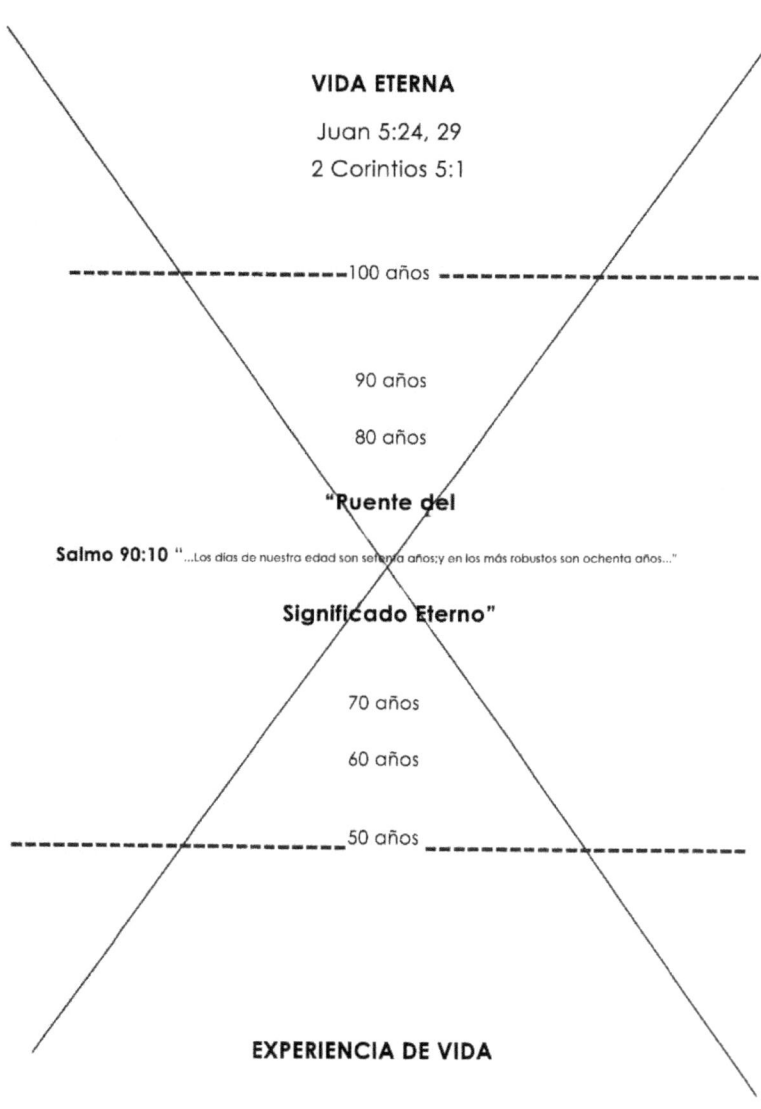

VIDA ETERNA

Juan 5:24, 29

2 Corintios 5:1

————————————100 años ——————————————

90 años

80 años

"Puente del

Salmo 90:10 "...Los días de nuestra edad son setenta años; y en los más robustos son ochenta años..."

Significado Eterno"

70 años

60 años

—————————————50 años ————————————

EXPERIENCIA DE VIDA

PUENTE DEL SIGNIFICADO ETERNO

Todos los adultos mayores se encuentran en un lugar extremadamente estratégico con respecto a su vida espiritual. Me gusta visualizarlo como una "encrucijada" o un "puente" que yo llamo: *"¡El puente del significado eterno!"*. Es ese punto en el que los brazos de una X se cruzan en el centro. Cuando los adultos mayores miran hacia atrás en la *revisión de su vida*, la apertura de la x en la parte inferior representa la mayor parte de su *experiencia vital*. Representa su vida, incluida la familia (y otras relaciones), la iglesia, la educación, la vida social, el trabajo, los acontecimientos mundiales, los logros, la personalidad, etc. Los científicos sociales y otras personas describen esta "experiencia vital" que queda relegada a la parte inferior de la x, como una vida de etapas y edades. En la literatura de los científicos sociales e investigadores se describe creativamente de muchas formas distintas. Algunos describen *acontecimientos lineales* que ocurren en determinadas edades y periodos de la vida, mientras que otros imaginan un orden más *cíclico* de los acontecimientos. Le sugirió que desarrollara un tema. Ella volvió con un esquema:

Emociones fuertes (sus padres al nacer)... Derrames... Taladros... Facturas... Enfermedades... Pastillas... Emociones... Testamentos".[5]

He aquí otras visiones del desarrollo vital encontradas en las páginas de un libro de ilustraciones que me parecen bastante perspicaces y divertidas.

Las Siete Etapas del Hombre

1. Leche
2. Leche, verduras
3. Leche, refrescos helados, caramelos
4. Filete, Coca-Cola, patatas fritas, jamón y huevos
5. Ancas de rana, caviar, Crepe Suzettes, Champán

6. Leche y galletas
7. Leche.

Las palabras clave de la vida:

1	- 20 años	-	Aprendizaje
20	- 30 años	-	Mujeres
30	- 40 años	-	Vida
40	- 50 años	-	Libertad
50	- 60 años	-	Placer
60	- 70 años	-	Vivir (o quizás, holgazanear)

Los chinos aplican ciertos términos a las distintas etapas nombrando cada década.

La década de:

Los diez años:	Grado inicial
Los veinte años:	Juventud expirada
Los treinta años:	Fuerza y matrimonio
Los cuarenta años:	Oficialmente apto
Los cincuenta años:	Error y conocimiento
Los sesenta años:	Cierre de ciclos
Los setenta años:	Década extraña
Los ochenta años:	Oxidado
Los noventa años:	Retrasado
Los cien años:	Edad extrema

Puntos de vista de la vida:

- Los viejos lo creen todo
- Los de mediana edad lo sospechan todo
- Los jóvenes lo saben todo

El Acertijo de la Esfinge se remonta supuestamente a la mitología antigua, pero sigue siendo cierto hoy en día.

"¿Qué animal va sobre cuatro patas por la mañana, sobre dos al mediodía y sobre tres al atardecer? El enigma quedó sin resolver hasta que apareció Edipo y dio la respuesta correcta: **el hombre**. En la infancia, el bebé humano anda a cuatro patas; durante el transcurso de su vida, camina erguido sobre dos piernas, y en el ocaso de la vida se apoya en un bastón.

DEL "HOMBRECITO" AL "GRAN ANCIANO"

En su libro *Three Score and Ten*, Leacock nos cuenta su destino a los setenta.

"El sendero que atraviesas de joven a anciano, lo trazas según extraños. Comienzas como "hombrecito", luego "niñito" (pues es menor un hombrecito que un niñito), después "hijito", y más tarde "mi niño", sigues como "jovencito", hasta que, en un instante, el hablante es más joven y dice: "Oiga, señor". Recuerdo con orgullo cuando un mozo me llamó "doctor", y cuando otro me elevó a "juez", mas el sobresalto que fue cuando un taxista abrió su puerta y dijo: "pasa, papá". Ahora me presentarán como "ese anciano caballero", y el golpe será cuando alcance el título de "gran anciano". En nuestro continente, eso significa cabello blanco, sin prisión, a los ochenta años. Es la última afrenta, lo peor que pueden hacerme."

A principios de este siglo, vivió un filósofo cristiano conocido como Joseph Cook, quien resumió la vida humana de la siguiente manera:

"La existencia del ser humano se asemeja a una Adolescencia tierna durante la primera década, una etapa de los veinte años destinada al aprendizaje, seguida de una década de los treinta caracterizada por el incansable trabajo. La siguiente década, los cuarenta, se presenta como un periodo feroz, mientras que los cincuenta se experimentan con energía. La sexta década, los sesenta, se vive con seriedad, los setenta se consideran sagrados, los ochenta son dolorosos, marcados por un aliento que se acorta, hasta llegar finalmente a la muerte".[6]

LA ETERNIDAD SE DESPLIEGA *EN ALGÚN RINCÓN* DE NUESTRA EXISTENCIA.

La Biblia, en el Salmo 90:10, establece que la vida media abarca entre setenta y ochenta años, marcando así un período que podría considerarse el punto de inflexión de esta travesía terrenal. Con la certeza de que la muerte puede manifestarse en el tiempo predeterminado o en algún punto antes o después de esos años, visualicé una franja de veinte años a ambos lados de este lapso, abarcando desde los cincuenta hasta los cien años, una fase a menudo denominada la 'segunda mitad de la vida'. En mi perspectiva, los años de *Experiencia Vital* (representados en la parte inferior de la X) representan una etapa crucial de preparación para cruzar ese puente hacia la eternidad; es aquí donde transitamos de la *Experiencia Vital a la Vida Eterna*.

Estos años, comprendidos entre las líneas de puntos, constituyen la segunda mitad de la existencia (desde los cincuenta hasta que Dios llama a una persona a su morada). Deberían ser un tiempo de contribución significativa hacia nuestra vida eterna, orientándonos a la preparación para la eternidad, sirviendo al Dios eterno y ayudando a otros a encontrar su camino hacia la vida eterna. Estos son años de trascendencia, un periodo para reflexionar sobre nuestra vida y asegurarnos de que nuestra eternidad se viva en la presencia celestial de Dios, en lugar de enfrentar la separación de Él en el infierno. Ten en cuenta que todos *pasaremos la eternidad a algún lugar*.

Algunos en el ámbito de los adultos mayores hablan del 'envejecimiento consciente', aunque no necesariamente con el matiz que hemos delineado. La conciencia de la eternidad debe guiar la vida de la persona en la Tierra, orientándola hacia pensamientos celestiales (Colosenses 3:1-3). Este desafío es enorme tanto para el adulto mayor como para aquellos llamados a ministrar a este grupo.

En el próximo capítulo, abordaré el desarrollo de una breve teología del envejecimiento, con el esquema siguiente: *'Respetados, Rechazados* y la Necesidad de ser Re-*conectados'*. Mi experiencia, adquirida a través de mi participación en el ministerio con personas de las categorías de jubilados (de sesenta y cinco a ochenta años) y ancianos (más de ochenta años), así como mi rol como capellán en una comunidad de jubilados de atención continuada y mi participación en el equipo directivo de un ministerio denominacional y de distrito previamente mencionado, ha sido fundamental. Sin embargo, confío en que, al concluir este libro, te habrás familiarizado lo suficiente con las Escrituras como para construir tu propia teología personal sobre el envejecimiento, arraigada en la Biblia.

Oro para que este estudio no solo genere conciencia sobre la vocación bíblica de servir a esta generación, sino que también te motive a cuidar y desafiar a este grupo de adultos mayores de cincuenta y cinco años en tus ministerios.

REFLEXIONA Y CRECE

- *¿Dónde te encuentras personalmente en este proceso de envejecimiento? ¿Qué consejos compartirías con aquellos que te siguen?*

- *Considerando tu propio viaje, ¿qué legado has dejado en el mundo? ¿Cuál será tu huella?*

- *¿Cómo describirías tu propio proceso de envejecimiento?*

- *¿Qué acciones puedes emprender para mejorar este proceso?"*

Capítulo Dos

Respetado

Reconociendo la posición especial que se ha conferido a la humanidad en comparación con el resto de la creación, no sorprende que a lo largo de toda su existencia, Dios valore y respete al ser humano. Levítico 19:32 destaca la importancia de honrar y mostrar respeto a los ancianos: "Te levantarás ante los canosos y honrarás la presencia de un anciano, y temerás a tu Dios: Yo soy Yahveh". Este pasaje establece una conexión directa entre nuestro respeto hacia los mayores y nuestra relación con Dios. En nuestra reverencia y adoración a Dios, expresamos honor hacia las personas mayores. Como afirma Oates: "En toda la Biblia, la antigüedad confiere el derecho al respeto, considerándose que una vida larga acumula experiencia y sabiduría".[7]

El respeto a los padres también es destacado en Levítico 19:3, que instruye: "Cada uno de vosotros reverenciará a su madre y a su padre...". El Quinto Mandamiento, único en tener una promesa adjunta, subraya la importancia de honrar a los padres: "Honra a tu padre y a tu madre, para que tus días se alarguen sobre la tierra que Yahveh, tu Dios, te da" (Éxodo 20:12). Otros pasajes del Antiguo Testamento, como los encontrados en Proverbios y Job, también resaltan la relevancia de honrar y respetar a los padres y a los ancianos. "Los nietos son la corona de los ancianos, y la gloria de los hijos son sus padres" (Proverbios 17:6, RVR). Asimismo, leemos: "Escucha a tu padre, que te dio la vida, y no desprecies a tu madre cuando envejezca" (Proverbios 23:22).

En el libro de Job, encontramos un ejemplo de respeto intergeneracional cuando Elihú, un hombre más joven, muestra deferencia hacia Job, un anciano, antes de compartir sus opiniones. "Entonces Elihú, hijo de Baraquel el Buzita, respondió y dijo: 'Yo *soy* joven en años, y tú eres muy viejo; por eso tuve miedo y no me atreví a declararte mi opinión'" (Job 32:6).

LAS CANAS NO SIEMPRE EQUIVALEN A UNA MAYOR SABIDURÍA

Es relevante destacar que la vejez no siempre equivale a sabiduría, como se menciona en Job 32:7: "Dije: 'La edad debe hablar, y la multitud de años *debe* enseñar sabiduría'". Aunque pueda parecer lógico que la sabiduría aumente con la edad, es crucial comprender que la verdadera sabiduría y conocimiento, como indica Proverbios 1:7, provienen del temor (reverencia, temor) al Señor. La auténtica sabiduría solo surge de una relación con Dios a través de la fe en Jesucristo.

En lugar de ridiculizar la vejez, las Escrituras subrayan su valor. Proverbios 16:31 declara: "Las canas son una corona de gloria; se obtienen en una vida recta", y 20:29 agrega: "La gloria de los jóvenes es su fuerza, y el esplendor de los ancianos son sus canas".

El relato en Génesis 9:20-27 nos brinda una lección sobre el respeto hacia los padres y los adultos mayores. Noé, al embriagarse con el vino de sus uvas, fue encontrado en estado vulnerable por su hijo menor, Cam.

En lugar de exponer la situación, los hermanos mayores optaron por resguardar la dignidad de su padre cubriéndolo con una manta. Este acto de respeto resultó en bendición para los hermanos mayores y maldición para Cam y sus futuras generaciones. Este episodio ilustra cómo nuestra conducta hacia nuestros padres puede influir en la forma en que nuestros hijos nos mostrarán respeto y honor cuando envejezcamos.

Hace varios años, en el boletín de nuestra iglesia dirigido al grupo de adultos mayores conocido como los *Evergreens*, se publicó un artículo titulado "Sabios Maestros Constructores", atribuido a John Gillmartin en *Sermon Illustrations Each Week*.

La narrativa relata la experiencia de un anciano frágil que se trasladó a vivir con su hijo, nuera y nieto de cuatro años. El anciano, afectado por el temblor en sus manos, la vista nublada y el paso vacilante, enfrentaba dificultades durante las cenas familiares. Sus manos temblorosas complicaban la tarea de comer, resultando en guisantes que caían del tenedor, leche derramada al agarrar el vaso y objetos que se escapaban en el trayecto hacia la mesa.

La irritación de la pareja, ante el desorden provocado por estas situaciones, llevó a la decisión de apartar al abuelo. Colocaron una mesita en un rincón de la cocina sobre el linóleo, donde el anciano cenaba solo, mientras la "familia" disfrutaba de sus comidas juntos. La interacción con el abuelo se limitaba a advertencias para que tuviera cuidado y no ensuciara, mientras el niño de cuatro años observaba en silencio.

Sin embargo, una noche antes de la cena, el padre descubrió a su hijo trabajando con restos de madera en el suelo de la cocina. Al preguntarle sobre su actividad, el niño respondió: "Estoy haciendo dos cuencos pequeños, uno para ti y otro para mamá, para que los uséis cuando os hagáis viejos después de que yo crezca".

Este simple gesto provocó un cambio significativo. El abuelo regresó a la mesa, y durante el resto de su vida con la familia, compartieron las comidas juntos. Sorprendentemente, ya no importaba si se caía un tenedor, se derramaba la leche o se ensuciaba el mantel.

Esta conmovedora historia resalta la extraordinaria sensibilidad de los niños, quienes son testigos y aprendices conscientes de su entorno. La lección fundamental es que, al observar un hogar feliz, los niños imitarán esas experiencias a lo largo de sus vidas. El relato concluye subrayando la sabiduría de un padre consciente, reconociendo que cada día es una oportunidad para construir y establecer cimientos sólidos para el futuro de sus hijos.

EL HONOR TRASCIENDE EL MERO RESPETO

En el Nuevo Testamento, se nos exhorta a honrar a nuestros padres y, de manera más general, a todos los adultos mayores. El honor no se limita a mostrar respeto superficial mediante

> El honor no se limita a mostrar respeto superficial mediante palabras amables y cortesía; implica una participación activa en sus vidas

palabras amables y cortesía; implica una participación activa en sus vidas. Efesios 6:1-3 establece: "*Hijos, obedezcan a sus padres en el Señor, porque esto es justo. Honren a su padre y a su madre para que les vaya bien y vivan mucho tiempo sobre la tierra*". Este mandamiento es único, ya que viene acompañado de una promesa. La obligación de honrar a los padres perdura incluso en la edad adulta de los hijos y se mantiene vigente mientras los padres estén vivos.

Pablo brinda sabias instrucciones a un joven pastor, destacando la importancia de tratar con respeto y amor a diferentes segmentos de la congregación. En 1 Timoteo 5:1-3, enfatiza la necesidad de no reprender a los mayores, sino de animarlos como a padres, y de tratar a los jóvenes como hermanos, a las mujeres mayores como madres y a las más jóvenes como hermanas, con pureza. Además, destaca la importancia de *honrar a las viudas genuinas*, especialmente aquellas sin hijos ni nietos. El texto enfatiza que si una viuda cuenta con descendencia, debe primero dirigir su atención hacia su propia familia, mostrando piedad y honrando a sus padres, ya que esto es grato a los ojos de Dios. La viuda genuina, sin apoyo familiar, deposita su esperanza en Dios, perseverando en súplicas y oraciones incesantes, como se expresa en los versículos 4-5.

Estos pasajes subrayan la importancia divina otorgada a la institución familiar desde los albores de la humanidad, sirviendo como un recordatorio de que nuestro trato hacia los ancianos refleja nuestra relación y servicio a Dios.

En 1 Timoteo 5:9-11, el apóstol Pablo recalca a Timoteo la responsabilidad pastoral y eclesiástica hacia las viudas de edad avanzada. Se establece claramente que no se incluya en el grupo de apoyo a viudas menores de sesenta años, a menos que hayan sido esposas de un solo hombre y estén respaldadas por buenas obras. La lista de méritos incluye la crianza de hijos, la hospitalidad hacia los forasteros, el servicio a los santos, el socorro a los afligidos y la diligencia en toda buena obra. En contraste, se aconseja rechazar a las viudas más jóvenes, ya que pueden volverse indeseables contra Cristo al desear contraer matrimonio.

Quizá algunas de las viudas, dotadas con ciertas cualificaciones que se especifican en estos versículos, desempeñaban labores para la iglesia a cambio de algún respaldo económico. Cuando las viudas experimentan la pérdida de la figura más significativa en sus vidas, tanto en términos de apoyo emocional como económico, se presenta una oportunidad crucial. Es grandemente significativo si la iglesia puede asistirlas en la búsqueda de un propósito, permitiéndoles emplear su madurez y sabiduría en el servicio al cuerpo local de Cristo.

En Santiago 1:27, se emite un llamado ferviente a la familia de la iglesia para cuidar de las viudas: "La religión pura y sin mancha delante de Dios y del Padre es ésta: *visitar* a los huérfanos y a las *viudas* en sus tribulaciones, y mantenerse sin mancha del mundo". Este enfoque difiere del Antiguo Testamento, donde la atención a las viudas recaía en los levitas y no en toda la congregación del pueblo.[8]

Durante varios años, la iglesia a la que mi esposa y yo asistíamos programaba un culto dominical cada noviembre para honrar a las viudas y viudos de la congregación. La primera vez que nos encontramos con esta hermosa tradición fue mientras viajábamos por Virginia y visitamos una iglesia baptista en un domingo por la mañana. La congregación organizaba anualmente un evento especial para rendir homenaje a las viudas y viudos mayores.

Fuimos testigos de una bendición cuando el pastor y los líderes dedicaron parte del servicio de adoración de ese domingo por la mañana para honrar a las viudas y viudos. Se les pidió que se pusieran de pie, y recibieron el aplauso afectuoso de la congregación. Cada uno fue fotografiado mientras se les entregaba un regalo de flores y un certificado de regalo para un restaurante local.

El pastor aprovechó la ocasión para instruir a la congregación sobre su responsabilidad bíblica de cuidar a las viudas y viudos. Recordó a la comunidad que, aunque como creyentes cristianos celebramos de manera especial a madres y padres en un día designado, el cuidado de las viudas representa un estándar bíblico más elevado. Es la manera en que expresamos una religión pura y sin mancha.

Profundamente conmovidos por esta manifestación de atención bíblica hacia los ancianos de la congregación, al regresar a casa compartimos la idea con nuestro pastor y líderes de la iglesia. Introdujimos un domingo especial para honrar a las viudas y viudos, convirtiéndose en un evento anual durante varios años. En una ocasión, mientras ocupaba el púlpito en una iglesia local, quedé conmovido al escuchar a un líder orar específicamente por las necesidades de dos viudas de la congregación.

El mes de mayo se consagra a nivel nacional como el *Mes de los Adultos Mayores*, y nuestra iglesia, en sintonía con esta conmemoración, designa un *Domingo de Adultos Mayores* para rendir homenaje a los miembros de mayor edad de nuestra congregación. Durante este día temático, el servicio de adoración se enriquece con canciones, escrituras y lecturas responsivas seleccionadas por los propios adultos mayores, así como un sermón centrado en la responsabilidad que la iglesia tiene hacia esta valiosa generación.

En el marco de este servicio especial, los miembros de edad avanzada comparten sus testimonios y participan activamente, presentando música especial que resuena con sus preferencias. Tradicionalmente, el líder de este ministerio asume la predicación del sermón, desafiando a la congregación a honrar y cuidar a estos tesoros vivientes. El mensaje también incluye un llamado a los adultos mayores para que *terminen bien*.

Resulta fascinante observar cómo los pactos del Antiguo Testamento destacan el papel crucial de los adultos mayores en la realización de la voluntad soberana de Dios. La historia revela que, en todas las generaciones y pactos, la sabiduría de los ancianos ha sido fundamental para la estabilidad y la continuidad social. Desde Abraham y Sara hasta Simeón y Ana en el templo, la narrativa bíblica resalta la importancia de aquellos en la última etapa de la vida.

No es coincidencia que Dios haya elegido a Abraham y Sara, quienes eran ancianos, como los instrumentos a través de los cuales derramar sus bendiciones sobre todas las naciones. Lo mismo ocurrió con Noé, quien dedicó 120 años de su vida a la construcción del arca; Moisés, quien emprendió un viaje al desierto a los ochenta años; y Simeón y Ana, débiles y enfermos, quienes, fuera de la familia de José, fueron los primeros en proclamar a Jesús en el templo como la Salvación del Señor y el medio para bendecir a todas las naciones.

En la Nueva Alianza, Dios eligió a Juan, con más de 100 años, como el revelador que contempló a Jesús en los cielos, representado como el León de Judá y el Cordero de Dios inmolado. Juan fue digno de abrir el Pergamino, leer el juicio del universo y marcar el comienzo de la parusía de todos los tiempos. El plan, el propósito y la historia escritos por Dios tienen, entre sus hilos comunes, un lugar específico y deliberado para las cabezas canosas, los de años avanzados. Este lugar no es para los jóvenes y fuertes, sino para los ancianos, sabios y experimentados. Los pactos se establecieron sobre hombros curtidos, quizás encorvados, pero con determinación y orientados hacia una visión a largo plazo.

Dios reserva un papel crucial para aquellos de sus hijos que permanecen justos en sus últimos años, aquellos cuya savia sigue fluyendo y cuyos frutos siguen dando frutos. La teología de la vejez se convierte así en una lección objetiva para las generaciones más jóvenes, quienes, con el tiempo, ascenderán a esos lugares elevados en su propia época.[9]

Ahora, al examinar el libro de Levítico, podemos comprender mejor el valor del hombre en su vejez. Los relatos bíblicos reconocen que la contribución de los ancianos puede disminuir con el tiempo. En Levítico 27:3, 7 se discute la cuestión de cuánto debe pagar un hombre cuando promete a Dios su propio valor. Los hombres hacían diversas promesas a Dios, ya sea ganado, hijos (como Ana y Samuel), o incluso ellos mismos. En el caso de un hombre que se prometía a sí mismo a Dios, la obligación monetaria era de cincuenta siclos, una medida que revela el valor especial atribuido a aquellos en la plenitud de la vida.

A los sesenta años, no obstante, la valoración descendía a quince. Lo crucial era que nunca descendía a cero; cada ser humano mantenía su valía, independientemente de la cifra de años alcanzados. Los ancianos debían sentirse honrados de formar parte de aquellos que, por virtud de su edad, dignidad y experiencia, se sentaban a la puerta para ser convocados como testigos en acuerdos, jurados en disputas y asesores en asuntos de interés público. No obstante, en nuestros días, la vejez se percibe más como un desafío que como una bendición. En tiempos pasados, serían los ancianos; hoy, son los ancianos. Ya sea en buen estado de salud o enfermos, necesitan la autoestima que proviene de estar ocupados de manera útil, cuando es posible, y de ser atendidos con calidez. Requieren conexiones significativas con Dios, consigo mismos y con la comunidad, que nutran su vejez".[10]

> **Dios ha otorgado una promesa extraordinaria a aquellos adultos mayores que han ganado respeto y honor al escuchar Su voz, descubrir su propósito y caminar con Él a lo largo de sus vidas.**

Dios ha otorgado una promesa extraordinaria a aquellos adultos mayores que han ganado respeto y honor al escuchar Su voz, descubrir su propósito y caminar con Él a lo largo de sus vidas.

Lee esta promesa y grábala en tu memoria al pensar en los ancianos o padres bajo tu cuidado. Que sea un recordatorio necesario a medida que envejezcas: " Y hasta la vejez yo mismo, y hasta las canas os soportaré yo; yo hice, yo llevaré, yo soportaré y guardaré." (Isaías 46:4).

¡Termina fuerte! Este versículo de Isaías sugiere que la mejor manera de alcanzar ese objetivo es apoyándose en los fuertes brazos del Padre, quien anhela el privilegio y la responsabilidad de llevar al adulto mayor confiado con seguridad en Sus brazos, a través de la vida terrenal... y hasta la eternidad.

REFLEXIONA Y CRECE

- *¿Cómo puedes contribuir a que los adultos mayores de tu iglesia experimenten esta sensación de seguridad?*

- *En términos generales, ¿cómo tratamos a los adultos mayores en nuestro país? Aunque no puedas cambiar el mundo solo, ¿qué acciones puedes emprender por la persona mayor que está a tu lado en la iglesia o vive en la casa de al lado?*

- *¿Cómo podemos rendir homenaje a nuestros padres y a los mayores que nos rodean?*

Capítulo Tres

Aunque el Antiguo y el Nuevo Testamento defienden el honor y el respeto del adulto mayor, vemos el comienzo del rechazo del adulto mayor en 1 Reyes 12. El rey Roboam intentaba decidir cómo tratar al rey Jeroboam y a las diez tribus de Israel. En los pesados programas de construcción de su padre, el rey Salomón, el pueblo se había quedado exhausto, agotado, y buscaba un pequeño respiro de los pesados compromisos que debían soportar en las agresivas y onerosas empresas de Salomón. En 1 Reyes 12:3, el pueblo dijo al rey: "Tu padre hizo pesado nuestro yugo; aligera, pues, el pesado servicio de tu padre y el pesado yugo que nos impuso, y te serviremos". El rey consultó con los hombres mayores, los ancianos, y ellos, con su sabiduría, le dijeron lo que debía hacer: "Y le hablaron diciendo: "Si hoy te haces siervo de este pueblo, y les sirves, y les respondes, y les hablas buenas palabras, ellos serán tus siervos para siempre"" (1 Reyes 12:7).

Por alguna razón, quizá el orgullo, no le gustaron sus consejos y consultó a los hombres más jóvenes, de su misma edad, *ignorando la sabiduría* de los ancianos: "Pero rechazó el consejo que le habían dado los ancianos y consultó a los jóvenes que habían crecido con él, que estaban delante de él" (1 Reyes 12:8, se añade la cursiva para dar énfasis a los pensamientos sobre los adultos mayores).

"Entonces el rey *respondió ásperamente al pueblo*, y desechó el consejo que le habían dado los ancianos; y les habló según el consejo de los jóvenes, diciendo: "Mi padre agravó vuestro yugo, pero yo añadiré a vuestro yugo; mi padre os castigó con azotes, pero yo os castigaré con flagelaciones"" (1 Reyes 12:13-14).

Considera 1 Pedro 5:5b, "...porque 'Dios resiste a los soberbios, pero da gracia a los humildes'". Proverbios 16:18 da el resultado del orgullo. "Antes del quebrantamiento es la soberbia, y antes de la caída la altivez de espíritu". Rechazar la sabiduría de los ancianos provocó una división -la división del reino- que duró siglos.

La Adoración Puede Crear Contención

Muchos líderes de la iglesia actual rechazan la sabiduría y el consejo de los mayores y el resultado suele ser la división. Un área de contención tan frecuente en muchas iglesias de hoy es la del culto. El tema surge a menudo en mi conversación con adultos mayores.

> Cuando se presiona al líder del culto para que aumente el número de miembros mediante un programa musical dinámico diseñado para llegar a la generación más joven, sin preocuparse apenas de los mayores.

En lugar de ser sensibles a los mayores y a sus deseos de culto, muchos de los líderes más jóvenes son propensos a decir: "Sigue el programa; tenemos que llegar a la generación actual, ¡así que vive con ello!". Quizá una oportunidad para debatir el tema del culto y las necesidades de los distintos grupos de edad de la congregación permitiría un mejor entendimiento entre todos. Cuando se presiona al líder del culto para que aumente el número de miembros mediante un programa musical dinámico diseñado para llegar a la generación más joven, sin preocuparse apenas de los mayores. La batalla comienza cuando los mayores de la iglesia se atrincheran y dejan de intentar comprender lo que la generación más joven quiere o necesita mientras adora. La comunicación se cierra y empiezan a aflorar la frustración y el dolor. Hay que "dar y recibir" para acomodarse unos a otros de forma que se honre a Dios y se refleje la preocupación por las necesidades de cada generación en el culto. He visitado iglesias en las que esto ha sucedido de una manera que honra a Dios y está dirigida por el Espíritu Santo.

Hace poco, en mis devociones, me encontré con 1 Pedro 5:5-6, que dice: "Vosotros, los más jóvenes, someteos también a *vuestros* mayores. Sí, someteos todos unos a otros, y revestíos de humildad, porque "Dios resiste a los soberbios, pero da gracia a los humildes. Humillaos, pues, bajo la poderosa mano de Dios, para que Él os exalte a su debido tiempo". No pasó mucho tiempo aquel mismo día cuando Dios me llevó a Efesios 5:18b -20, "sino sed llenos del Espíritu, hablando entre vosotros con salmos e himnos y cánticos espirituales, cantando y alabando en vuestros corazones al Señor, dando siempre gracias por todo a Dios Padre en el nombre de nuestro Señor Jesucristo".

Creo que el Espíritu Santo imprimió en mí algo que nunca antes había visto en ese versículo. Combinado con 1 Pedro 5:5-6, el versículo parecía decirme: Si estamos llenos del Espíritu Santo, el resultado será *hablarnos unos a otros*; hablarnos unos a otros con humildad y no con deseos orgullosos que impiden que jóvenes y mayores se escuchen unos a otros. El versículo habla de la música cuando indica: "salmos e himnos y cánticos espirituales". En la música de la Iglesia, Dios parece haber dado a Pablo, por inspiración, la fórmula para resolver la cuestión de la música en la iglesia a lo largo de la historia. En nuestros días, quizá hable de un servicio mixto que incorpore al culto los principios de "unos a otros" que deben caracterizar nuestra vida cristiana. De lo que se trata es de honrar a Dios y a los demás con cantos de adoración que ministren de forma maravillosa a los demás.

EL CULTO NO CAMBIA, CAMBIA EL ESTILO

He observado que en la mayoría de los cultos hay poco " dar y recibir". Se trata de una actitud unidireccional que excluye los deseos de aquellos a los que les gustaría adorar con música significativa para las distintas generaciones. Si el Espíritu Santo está vivo y goza de buena salud y si existe un espíritu de humildad, parece que la Palabra de Dios asegura una sensación de adoración y significativa de Su gracia. Esto debería funcionar de forma que permitiera a todos los presentes dar gracias en sus corazones mientras entonan melodías a Dios en el nombre del Señor Jesucristo.

Mientras vivíamos en otro estado, mi mujer y yo visitamos una iglesia que estaba formada por un gran número de personas que habían emigrado a Estados Unidos desde otro país. La iglesia recibió el nombre de ese grupo y acabó convirtiéndose en La Iglesia de todas las Naciones cuando empezó a crecer. Era un grupo interesante de personas que tenían un deseo de adoración más carismático que los que eran más conservadores en su estilo de adoración. El pastor no era realmente carismático, pero acogió y permitió que el carismático pianista guiara la parte inicial del culto de la iglesia desde el piano. Sigue siendo una de las iglesias más singulares que he visitado porque la gente se amaba y disfrutaba entre sí, amaba a su pastor y tenía un servicio de adoración que era sobrecogedor; y la iglesia crecía. De vez en cuando, disfrutábamos del culto que era bastante refrescante y edificante. Parecían capaces de poner en práctica la instrucción de Pedro y Pablo, y de servirse humildemente los unos a los otros.

ACABADOS Y HARTOS

La hija de uno de nuestros residentes me contó su experiencia personal. Su historia me entristeció al oírla describir lo que parecía tal insensibilidad hacia alguien que había servido fielmente al Señor y a su iglesia en el ministerio de la música durante más de cuarenta y cinco años. No la trataron con honor ni respeto. Esta mujer había tocado el piano y el órgano en la iglesia desde su adolescencia. A sus sesenta y tantos años, el nuevo ministro de culto le dijo bruscamente un domingo que sus servicios ya no eran necesarios porque su mujer era una experta en el teclado y estaban cambiando el estilo del culto. Además, el teclado (y su mujer) sustituirían inmediatamente al órgano y al piano. Sucedió rápidamente, sin preparación alguna, ¡y así fue!

> Muchos líderes pastorales, tan centrados en alcanzar a aquellos que no asisten a la iglesia, están inadvertidamente "des-iglesiando" a los fieles congregantes.

La organista y su marido solicitaron una reunión con el pastor y los diáconos, a la que también asistió su hijo. El hijo comprobó que la reunión se desarrolló como sigue. El pastor estaba preocupado durante la mayor parte del debate de la reunión, y cuando le preguntaron qué pensaba, contestó somnoliento: "Si estáis disgustados y queréis marcharos, no pasa nada, pues preferimos conservar a los jóvenes que a los mayores". ¿Te imaginas el dolor que experimentó aquella pareja con tanta insensibilidad procedente del pastor, de todas las personas? Ni que decir tiene que se marcharon, después de formar parte de aquella iglesia a la que amaron y sirvieron durante más de sesenta años. Ahora pertenecen a otra iglesia donde han encontrado un lugar de servicio y ministerio, y son muy apreciados. De hecho, han revitalizado la música y la vida espiritual de su nueva iglesia.

Puede que las cosas tuvieran que cambiar. Sin embargo, creo que si las razones del cambio se hubieran expuesto en una discusión amistosa, en lugar de las acciones bruscas del nuevo ministro de culto, esta pareja podría haberse incorporado y apoyado el ministerio que había crecido eficazmente a lo largo de los años. Me molesta profundamente oír hablar de tanta insensibilidad en el lugar donde las cosas deberían ser diferentes.

En un boletín llamado Leche y Miel encontré un interesante artículo sobre el valor de la edad que afirma: "En ninguna parte de las Escrituras se describe a los ancianos como jubilados ni se les insta a hacerlo". Unas frases más adelante se planteaba la pregunta: "¿Por qué entonces se habla tanto hoy de la necesidad de que los hombres mayores se aparten y entreguen la obra de Dios a hombres más jóvenes? ¿Es porque los hombres mayores ya no son sabios? ¿O es porque se desean cambios que la edad y la sabiduría podrían no aprobar? "[11]

En un artículo titulado *Older Christians are Leaving Churches* (Los cristianos mayores abandonan las iglesias), de Wayne J. Edwards, se refería a un informe de la página web de su confesión que decía: "Los adultos jóvenes de hoy son menos propensos que cualquier otro grupo de edad a asistir a la iglesia, leer la Biblia o hacer donativos a causas religiosas, sobre todo si no sienten una conexión personal con el ministerio". El artículo continúa diciendo que más vale que la iglesia cambie su forma de relacionarse con los miembros más jóvenes y encuentre algún modo de conectar con ellos, porque "no se tragarán lo mismo de siempre". El autor indica que la iglesia debería no dirigir toda su preocupación a este grupo y a los que no van a la iglesia, mientras permite, e incluso anima, a los que han participado en la iglesia con su tiempo, talento y diezmos durante años a que se den de baja.

Con frecuencia, a los devotos siervos de mayor edad se les comunica de manera *inequívoca que deben apartarse para dar paso a una nueva generación. Emitir cualquier crítica se interpreta como cuestionar la voluntad divina.* El autor sostiene que muchos líderes pastorales, tan centrados en alcanzar a aquellos que no asisten a la iglesia, están inadvertidamente "des-iglesiando" a los fieles congregantes, y parece que evitan indagar sobre las razones de su partida. Además, señala que los manuales contemporáneos sobre el crecimiento eclesiástico argumentan que las antiguas prácticas, como el estudio inductivo de la Biblia, la predicación expositiva dinámica y los himnos fundamentales de la fe, son percibidas como obstáculos para los incrédulos, sugiriendo la necesidad de suprimirlas para atraer a la nueva generación perdida. El autor llega a la conclusión de que el remanente fiel, quienes dedicaron tiempo, talento y diezmos para establecer, hacer crecer y desarrollar la iglesia, ahora se ven relegados a la retaguardia del santuario o se les insta a marcharse, siendo sistemáticamente excluidos como si ya no fueran relevantes.[12]

Quizá David sintió también el rechazo de la edad, cuando recordó su pasada participación en el culto en el templo y, al parecer, ya no podía hacerlo: "Cuando recuerdo estas *cosas*, derramo mi alma dentro de mí. Porque yo solía ir con la multitud; iba con ellos a la casa de Dios, con voz de júbilo y de alabanza, con una multitud que celebraba una fiesta peregrina" (Salmo 42:4). En el versículo siguiente expresa su desaliento por sentirse rechazado, y sin embargo parece saber que su esperanza sólo puede hallarse en Dios cuando se siente así. "¿Por qué estás abatida, alma mía? ¿Y por qué estás inquieta en mi interior? Espera en Dios, pues aún le alabaré por la ayuda de su rostro" (42:5). Continúa recordarse a sí mismo que, aunque se sienta rechazado y dejado de lado, sentimiento que puede parecer acentuado en la quietud de la noche, oirá la canción de Dios: "...Y en la noche Su canción estará conmigo" (Salmo 42:8).

Cuando esperábamos a nuestro tercer hijo, había una nueva teoría que circulaba por el mundillo de los bebés. Basándome en una enseñanza que había oído, a menudo acercaba mi boca a la barriga de mi mujer y le cantaba. Seguí cantando la conocida letra del himno *Jesús me ama*, esto lo sé, hasta que nació. Después de su nacimiento, siempre que estaba "inquieto" yo le cantaba Jesús me ama, y él parecía tranquilizarse y encontrar descanso. No puedo evitar sentirme atraído por el verso que me recuerda que mi Padre celestial se alegra por mí cantando. Cuando Él piensa en mí, rompe a cantar (¡y quizá también a bailar un poco!). Oh, cómo debe descansar el alma. No puedo evitar pensar que, si la voz de este padre terrenal podía tranquilizar tanto a su hijo con el canto, ¿cuánto más el canto de nuestro Padre Celestial?

Fíjate en Sofonías 3:17: "El SEÑOR, tu Dios, en medio de ti, el Poderoso, salvará; se alegrará por ti con gozo, te apaciguará con Su amor, se regocijará por ti con cánticos". Cuando el sentimiento de rechazo empieza a surgir en la vida del adulto mayor, debe dirigirse rápidamente al único lugar donde puede encontrar esperanza y reconocimiento: Dios, que mostrará su amorosa bondad.

Nuestra actitud hacia los adultos mayores que se recluyen o que ya no pueden ser activos, puede hacer que sientan que han perdido el respeto y el honor que les harían sentirse una parte valiosa de la congregación. Esto puede llevarlos a sentirse olvidados y rechazados. Ya no se les pide consejo; otros piensan que sus ideas están pasadas de moda; y a menudo se rechaza su aportación y ya no se desea.

INTEGRACIÓN Y PLENITUD

Una parte importante de la terapia para mayores en residencias de ancianos, y un hecho natural cuando los mayores intentan encontrar un propósito y un sentido a sus vidas, se llama *revisión de la vida*. Erikson, describe

> El fracaso a la hora de integrar el pasado, el presente y el futuro le deja a uno disgustado y desesperado: disgustado por el pasado, desesperado por el presente y desanimado (desesperanzado) respecto al futuro.

la *integración* como esta octava etapa a partir de los sesenta y cinco años. Es la etapa final de Erikson, que él llama "integridad frente a desesperación".

Se llama así porque la tarea en este momento de la vida es integrar, o reunir toda la vida de una persona; llegar a un acuerdo con su pasado, presente y futuro personales. La integración implica totalidad. Sugiere que los que tienen éxito en esta etapa son los que están satisfechos con lo que son y han sido. El fracaso a la hora de integrar el pasado, el presente y el futuro le deja a uno disgustado y desesperado: disgustado por el pasado, desesperado por el presente y desanimado (desesperanzado) respecto al futuro. David repasa la intervención de Dios en su vida y su propio compromiso de servirle en el Salmo 71:5-7. Expresa su esperanza y confianza en el Señor con estas palabras "Porque Tú eres mi esperanza, Señor Dios; *Tú eres* mi confianza desde mi juventud. Por Ti he sido sostenido desde mi nacimiento; Tú eres el que me sacó del vientre de mi madre. Mi alabanza *será* continuamente de Ti. He llegado a ser como una maravilla para muchos, pero Tú eres mi fuerte refugio".

Siendo humano, David se pregunta si simplemente lo pondrán en la estantería y dejarán de apreciarlo. "No me deseches en el tiempo de la vejez; no me abandones cuando se agoten mis fuerzas. Porque mis enemigos hablan contra mí, y los que acechan mi vida se aconsejan consejo juntos, diciendo: "Dios le ha abandonado; Perseguidle y prendedle, porque no hay quien *le* libre" (Salmo 71: 9 - 11).

¿VÁLIDO O INVÁLIDO?

En nuestra cultura occidental damos mucha importancia y valor a la juventud, la competición y la autodependencia. Me alegro de que ya no utilicemos la palabra "inválido" para hablar de los ancianos u otras personas con necesidades especiales. Cuando desglosas el significado de inválido, significa simplemente *no válido*, y así es como vemos a muchos de nuestros ancianos en la comunidad, la iglesia y, sobre todo, en las residencias de ancianos. Para muchos, envejecer se considera una época de pérdida y decadencia.

En Estados Unidos, hacemos hincapié en la juventud. Las personas que no pueden mostrar estos rasgos juveniles pueden verse tratadas con intolerancia, impaciencia, fastidio, hostilidad y rechazo. Las familias, los miembros de la iglesia y las personas que antes formaban parte de sus vidas se distancian de estas personas pasadas de moda. ¿Es de extrañar que la depresión sea un resultado común en la vida de muchos adultos mayores? Cuando los amigos empiezan a morir o a alejarse, existe un gran peligro de aislamiento.

Hace algunos años, alguien me dio un documento de una persona llamada David Davis, que por aquel entonces era el Capellán Protestante del Hospital Santa Isabel de Washington D.C. El documento presentaba una buena comprensión de la lucha que experimentan muchos ancianos, no sólo como residentes en residencias de ancianos, sino también en la comunidad y en la iglesia. Consideró que los muchos miedos y ansiedades de los ancianos se dividen en cuatro categorías que denominó *Las Cuatro D* y que incluyen Deterioro, Desapego, Deprivación y Dependencia. "Lo que estas personas parecen estar comunicando no puede decirse con mejores palabras que las que utilizó el salmista hace muchos años: 'No me deseches en el tiempo de la vejez; no me abandones...'". (Salmo 71:9).

Oigo al salmista hablar de temores de deterioro cuando dice: "Cuando se agoten mis fuerzas"; hablar de temores de deprivación y desprendimiento cuando dice: "No me deseches"; hablar de dependencia cuando dice: "No me abandones"; Lo que el salmista parece estar transmitiendo es la necesidad de apoyo y compañía".[13]

> **La pérdida es una de las mayores cosas con las que tienen que lidiar los adultos mayores en la vida.**

La pérdida es una de las mayores cosas con las que tienen que lidiar los adultos mayores en la vida. No importa que sea en la comunidad, en una residencia de ancianos o en una comunidad de jubilados de atención continuada,

la pérdida sigue siendo pérdida. No me refiero necesariamente sólo a la muerte, porque hay muchos tipos de pérdidas en la vida de una persona mayor. La pérdida de independencia cuando ya no pueden ver lo suficientemente bien para conducir, la pérdida de control muscular para llegar al baño a tiempo, la pérdida de coordinación ojo-mano para alimentarse con gracia, la pérdida de audición, etc., todas entran en la misma categoría que la muerte.

En el Foro de Gerontología, celebrado en Boston en 1983, se hace referencia a un artículo titulado "Pérdida, agotamiento y restitución" del libro *Geriatric Psychiatry* (International Universities Press, 1962). En un artículo titulado, *Grief and Loss in the Aging Process* (Duelo y pérdida en el proceso de envejecimiento), Timothy J. Wildman cita a Cath, que esboza cuatro anclajes básicos para la salud mental y la estabilidad emocional a lo largo del ciclo vital. "Son (1) la imagen de uno mismo y del cuerpo, (2) un hogar aceptable, (3) la seguridad social y económica y (4) un propósito significativo. La amenaza de pérdida o una pérdida real en uno o más de estos anclajes puede producir una reacción psicológica significativa en el individuo. Aunque el Dr. Wildman señala que esto puede ocurrirle a cualquiera, a cualquier edad, es obvio que las pérdidas múltiples en los cuatro anclajes son mucho más frecuentes en los últimos años. Como ocurre con embarcación, cuando se tira del ancla, y ésta empieza a ir a la deriva y a rodar sobre las olas sin dirección, puede perderse en el mar. Lo mismo ocurre cuando se tira del ancla en cualquiera de las cuatro áreas anteriores, puede llevar a una deriva sin rumbo, y a que una persona se pierda en la confusión de la vida. La forma en que se percibe una pérdida, o si el acontecimiento se percibe como una pérdida en absoluto, es de gran importancia, pues esto influye en la forma en que una persona se adapta al acontecimiento. Las pérdidas derivadas del cambio en un trabajo, una relación, la salud, la capacidad mental, la vivienda y un sinfín de otras cosas no hacen sino aumentar a medida que se suman los años".[14]

A LA DERIVA EN AGUAS DESCONOCIDAS

En la Palabra de Dios encontramos un recordatorio para los adultos mayores a los que ministramos y para los que se acercan a Jesús en momentos en que se sienten a la deriva. "Tenemos un fuerte consuelo, los que hemos huido en busca de refugio para aferrarnos a la esperanza puesta ante nosotros. Esta esperanza (Jesús) la tenemos como ancla del alma, segura y firme..." (Hebreos 6:18-19).

La Iglesia tiene que respetar, apoyar y no rechazar las necesidades de los mayores. Un pastor de una de nuestras iglesias confesionales dijo a su congregación desde el púlpito que la iglesia *no* atendería las necesidades de los adultos mayores. La iglesia pretendía atraer a familias más jóvenes, y su comentario fue más o menos así: "Vosotros, los mayores, lleváis mucho tiempo aquí y habéis pasado por muchas experiencias. Habéis aprendido a enfrentaros a la vida para poder manejar las cosas por vosotros mismos. No vamos a proporcionaros programación ni a preocuparnos por vuestras necesidades; sois lo bastante mayores para cuidaros por vosotros mismos". ¿Qué puede haber más hiriente que palabras como éstas? Sería como decirles que son bienvenidos a mantener su barca anclada en el puerto, pero que nadie vendrá a rescatarlos si llega una tormenta.

Otro pastor me dijo una vez, mientras le conducía a la parte de nuestras instalaciones donde residían los miembros de su iglesia: "¿Has pensado alguna vez en fundar aquí tu propia iglesia?".

> **Estoy firmemente arraigado en la realidad y comprendo que el ministerio de mayores no es para todo el mundo, pero, por desgracia, todo el mundo será mayor algún día.**

Le pregunté: "¿Por qué querría hacerlo?".

Suspiró y contestó rápidamente: "Entonces no tendría que venir a hacer esto; ¡podrías hacerlo por mí!".

Estoy firmemente arraigado en la realidad y comprendo que el ministerio de mayores no es para todo el mundo, pero, por desgracia, todo el mundo será mayor algún día. Así que ¡tengamos un poco de compasión!

LOS AISLADOS ESTÁN EXCLUIDOS

La filosofía occidental, centrada en la juventud, se ha colado en la Iglesia y en la forma de pensar de muchos pastores de forma no tan sutil. El resultado ha sido el alejamiento de los recluidos, especialmente de los residentes en residencias de ancianos, hasta el punto de que a menudo se les ignora y desatiende.

El Dr. Robert Butler, antiguo Director del Centro Nacional sobre el Envejecimiento, compartió algunas estadísticas interesantes, aunque tristes. Dijo que el 95% de los residentes en residencias de ancianos nunca reciben una visita en todo el año, y que el 85% nunca reciben una carta significativa. Puede que estas estadísticas hayan cambiado a lo largo de los años, pero la situación es básicamente la misma. Creo que hay muchos residentes de residencias de ancianos o comunidades de jubilados que han sido olvidados por su clero y sus comunidades de culto.

Un joven pastor amigo me dijo un día: "Si yo estuviera en tu ministerio, sólo podría considerarlo como la conducción de personas al cielo". Mi primer pensamiento fue: "¿No estamos en el mismo negocio?". Era un pastor nuevo, que acababa de graduarse en el seminario unos años antes y estaba experimentando la emoción de una iglesia en crecimiento con gente joven, y familias jóvenes.

Supongo que la idea de mi ministerio no le parecía demasiado emocionante, y quizá en realidad, ¡bastante aburrida! En ese momento, realmente no me había preguntado nada sobre lo que hacía. Sólo hizo una suposición. Comprendí lo que decía, pero mi respuesta interior a su comentario fue: "¿Por qué debemos hacerles caminar solos?". Entonces mi mente hizo una locura y recordé las palabras del apóstol Pablo en Romanos 6:1. "¿Qué diremos, pues? ¿Continuaremos en el pecado para que abunde la gracia?". La respuesta a su propia pregunta se encuentra en el versículo siguiente. "¡Dios nos libre!" Con una analogía similar, aunque fuera de contexto, pensé: "¿Hacemos que nuestros ancianos se sientan tan miserables, solos, dejados de lado y olvidados que disfrutarán más del cielo?". ¡Dios nos libre!

"POR FAVOR, ¿NO QUIERES VENIR A HABLAR CONMIGO?"

Recuerdo el día en que atravesé el vestíbulo de nuestro centro de enfermería especializada y, al acercarme a la sala de estar, vi a Mildred en una silla de ruedas sentada al otro lado de la sala. Parecía que estaba extendiendo la mano y, cuando me acerqué, eso era exactamente lo que estaba haciendo. Extendía la mano como si señalara algo con los dedos, pero luego la volvía hacia sí misma, como si quisiera que alguien se acercara a ella. Me acerqué a ella y le pregunté qué estaba haciendo. Mientras seguía con el brazo extendido, señalando y haciendo gestos hacia ella, dijo: "Hago señas con el dedo para que alguien venga a hablar conmigo y nadie viene". Mi corazón se entristeció por esta residente que anhelaba la atención de alguien.

Entonces me dijo: "¿No quieres darme un beso antes de irte para que sepa que alguien se preocupa por mí?". Ni que decir tiene que llamé a la iglesia a la que pertenecía, así como a miembros de su familia, para decirles que necesitaba un poco más de atención que la ayudara a ahuyentar la soledad.

A menudo pienso en la letra de una canción que escribió una estudiante del Barrington College de Barrington, Rhode Island. Había estado haciendo prácticas de visita en una residencia de ancianos como parte de su trabajo de curso, y expresó sus pensamientos con estas conmovedoras palabras:

Conozco a una dama, su nombre es María,
de ojos marrones, en la ciudad vivía.
En su casita, amor y vida florecían,

pero el destino cruel su felicidad destruía.

Tenía un esposo, compartían su hogar,
mas no llegaron hijos, un vacío al caminar.
En una habitación oscura, mirando al azar,
Mary enfrentaba la soledad sin cesar.

Ayer, la visité, asomada a dos ventanas,
en la penumbra buscaba esperanzas.
Hoy, en el hospital, el destino la llevaba,
oré por Mary, aunque su oído no escuchaba.

Una hora a la semana, mi compañía,
en el hospital, la soledad se rompía.
¿Cuántas Marías aguardan todavía?
En busca de amor, una simple melodía.
Fueron jóvenes, amaron con intensidad,
como nosotros, vivieron su realidad.
Necesitan amor, aún dan con sinceridad,
la culpa no es suya, es la soledad.[15]

No puedes meter en el mismo saco a los mayores y hacer una afirmación general del tipo: "¡Oh, todos son iguales!". Eso no es cierto. No todos los mayores envejecen de la misma manera; ¡sus necesidades son distintas! No se parecen unos a otros a medida que envejecen. Hay algunos cambios comunes de manera general, pero cada uno envejece de forma diferente. Cuanto mayor se hace una persona, más pérdidas experimenta. Las necesidades básicas son de amor y comprensión por parte de quienes pueden ejercer el amor y la compasión de Jesucristo, y nos corresponde a quienes servimos y cuidamos de estos ancianos averiguar cuáles son esas necesidades y cómo satisfacerlas. A menudo lo que se necesita es alguien que escuche y les ayude a poner en orden esos sentimientos.

EDADISMO

El edadismo es muy real. En nuestra cultura sigue siendo inaceptable ser viejo. Nuestra filosofía occidental valora la juventud y desacredita la vejez. Nos enfrentamos a este hecho todos los días y lo vemos en los anuncios de televisión con la publicidad de cremas antienvejecimiento, en las tarjetas de cumpleaños que se burlan de las limitaciones que a veces acompañan al proceso de envejecimiento; y en las conversaciones relativas a nuestro propio envejecimiento.

En un reciente artículo de una revista que habla del uso del Botox en la guerra contra las arrugas, estas palabras abren el relato humorístico: "A medida que los *baby boomers* envejecen, envejecen. Pero no necesariamente quieren parecer mayores. Uno de los signos de la vejez son las arrugas, esas hendiduras expresivas que reflejan toda una vida de fruncir el ceño o reír". A continuación habla de la aprobación por la FDA en 1989 del fármaco Botox para tratar estas arrugas. La Sociedad Americana de Cirugía Plástica Estética informa de que cientos de miles de estadounidenses han atacado sus líneas de preocupación con tratamientos muy caros desde entonces. "Las líneas eludidas por el Botox también hablan elocuentemente de la cultura estadounidense. De hecho, el equipo de investigación del Museo de Estudios Americanos ha llegado a la conclusión de que el Botox no es la única toxina de esta historia. Por el contrario, no es más que una respuesta farmacéutica a una pauta tóxica de la cultura estadounidense, una pauta por la que nuestra negación de la muerte y el envejecimiento afecta a la vivencia de nuestras vidas.

Tememos de forma natural el envejecimiento, la enfermedad y la muerte. Pero también los tememos culturalmente, de formas que otras culturas no lo hacen. En el pasado, sobre todo cuando la gente se las ingeniaba culturalmente para que el envejecimiento y la muerte tuvieran gracia, se respetaba a los ancianos como guías sabios y experimentados de la vida, no simplemente como viejos carcamales." Unas líneas más adelante sigue diciendo: "En general, [la publicidad] nos informa de que deberíamos aparentar 20 o 21 años, o al menos parecer jóvenes. Muchos anuncios sugieren que deberíamos negar físicamente lo que es cierto desde el punto de vista de la experiencia: que llevamos tiempo en esto. Nos enseñan que la gente pensará menos de nosotros porque llevamos los signos de la edad". [16]

¿Qué podemos decir de la obsesión por la necesidad de ser perfectos? Se gastan miles de millones de dólares en una piel, un pelo, unos labios, unas pestañas, una nariz, unos pechos perfectos y la lista continúa. Evidentemente, esto se centra en lo externo de la vida, pero ¿qué pasa con la condición interna o espiritual del hombre? Después de todos los estiramientos faciales, abdominoplastias y tratamientos con Botox, la realidad sigue siendo que nos dirigimos hacia uno de dos lugares. ¿Hasta qué punto hay que estar guapo para conocer a Jesús? ¿Le importa realmente la apariencia externa del hombre? "Pero Yahveh dijo a Samuel: "No te fijes en su aspecto ni en su estatura física, porque lo he rechazado. Porque Yahveh no ve cómo ve el hombre; pues el hombre mira la apariencia exterior, pero Yahveh mira el corazón" (1 Samuel 16,7).

LA SEGUNDA MITAD

Oseas 7:9 dice de Israel: "Los extranjeros han devorado su fuerza, pero él no lo sabe; *sí, canas hay aquí y allá en él, pero él no lo sabe*". Esto describe a algunos de los que entran en la "segunda mitad de la vida".

Algunos ven la vida como una curva de campana y, debido al énfasis en la juventud, llegan al cuadragésimo cumpleaños con globos negros y un mensaje de fatalidad, porque sienten que han alcanzado la cima de la vida y que a partir de ahí todo es cuesta abajo. Me gusta contemplar este pensamiento con lo que yo llamo "la baraja de Schauffle". El Dr. Schauffle fue uno de mis profesores cuando estudiaba en el Seminario Teológico Gordon-Conwell. Este diagrama procede de uno de sus cursos de Educación Cristiana.

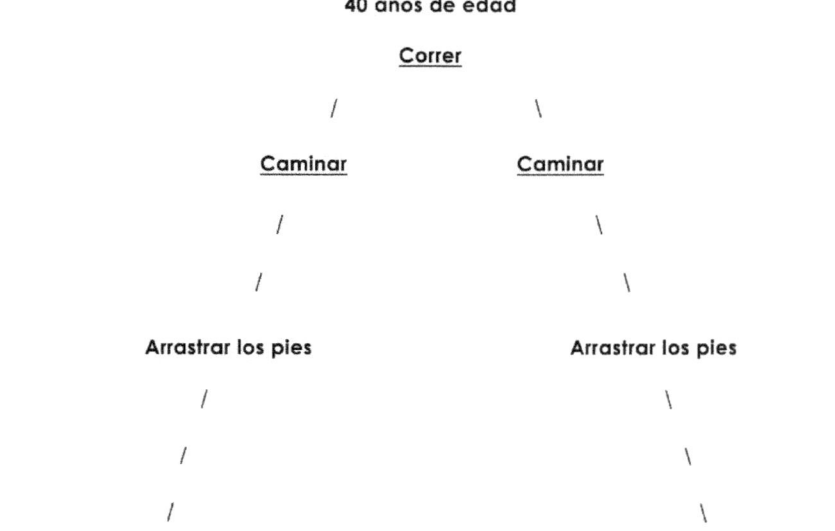

40 años de edad

Correr

Caminar · Caminar

Arrastrar los pies · Arrastrar los pies

Nacimiento - Gatear · Muerte - Gatear

El lado descendente de la curva de campana se invierte hacia atrás, hacia una "segunda infancia". Esto puede ser cierto a medida que se acumulan los años y se ralentizan las capacidades físicas y mentales. Sin embargo, hay que animar al creyente a "ser" la persona que Dios quiere que sea, incluso cuando el ser físico se desmorona. Jesús dijo: "He venido para que tengan vida, y para que la tengan en abundancia" (Juan 10:10). Si al alma le va bien, también debería irle bien al hombre exterior. Rezo para que los pastores y líderes se levanten y acepten, en lugar de rechazar, a los miembros más ancianos de la iglesia.

Alguien ha dicho que en una vida normal las personas pasan el 12% de su vida como niños (0-12), el 8% de su vida como jóvenes (12-18) y el 74% de su vida como adultos (18 y más). De hecho, el segmento de nuestra población que crece más rápidamente es el de los que tienen 85 y más años. La importancia de estas cifras es la siguiente: normalmente, los ministerios son inversamente proporcionales a estas cifras, con un gran esfuerzo dirigido al 8% y al 12%, y se descuida mucho al 74% y se le resta importancia.

Cada siete segundos, otro estadounidense cumple cincuenta años. La paternidad suele terminar alrededor de los cincuenta años, con el nido vacío, y la carrera profesional termina para al menos la mitad de la población mayor de cincuenta años entre los cincuenta y siete y los cincuenta y ocho. Los biólogos afirman que, a medida que aprendamos a controlar las plagas y a encontrar curas para las enfermedades, los seres humanos podrían vivir ciento veinte años, o más. Es un hecho que cada vez más personas viven más años; lo más probable es que tú estés entre ellas. La mayoría de las personas que se acercan a la jubilación pueden esperar diez... quince... veinte... treinta o más años de vida activa. En 2006, los baby boomers empezaron a cumplir sesenta años a un ritmo de 8.000 al día, o 330 personas por hora. La esperanza de vida media de las personas que cumplen sesenta años es de 81,6 años, según los Centros para el Control y la Prevención de Enfermedades de EE.UU.[17] Por lo tanto, cuando los creyentes llegan a los cuarenta años, no es el momento de empezar a bajar por la pendiente resbaladiza con la mirada puesta en una vida de ocio tras la jubilación.

> **Por lo tanto, entre los cuarenta y los cincuenta años no es el momento de "subir la colina", sino de "dar cuerda al reloj" y ascender a mayores alturas de servicio al Señor.**

Para el cristiano, la vejez no es el enemigo; es simplemente una señal que le recuerda a cada uno que el hogar celestial está cada vez más cerca y que es necesario redimir el tiempo (Efesios 5: 15-16). Por lo tanto, entre los cuarenta y los cincuenta años no es el momento de "subir la colina", sino de "dar cuerda al reloj" y ascender a mayores alturas de servicio al Señor. Es hora de ayudar a los adultos de más de cincuenta años a darse cuenta de que deben dar ejemplo y ser portadores de imágenes, así como buscar el propósito y la llamada de Dios de una forma mayor. Deberían empezar a liberarse, como "personas con el nido vacío" que ganan más tiempo discrecional y fondos para empezar a marcar la diferencia en su iglesia, su denominación y su mundo. La vida debería mejorar con el paso de los años. Qué alegría ser tan queridos y apreciados que puedan cantar las palabras del himno " *Sweeter As the Years Go By*" (Más dulce con el paso de los años) ¡y decirlo en serio!

En algún lugar oí una vez la cita: "Cuanto más viejo es el violín, más dulce es la melodía". La Iglesia tiene que ser el "arco" que ayude a los de la segunda mitad a tocar una música que sea alentada y no rechazada. En realidad, su melodía debería ser aceptada de un modo que ayude a dar sentido y propósito a la vida.

REFLEXIONA Y CRECE

- *Si pudieras elegir una canción que representara tu vida actual, ¿cuál sería? ¿Por qué?*

- *Piensa en tus padres o en los miembros mayores de tu iglesia. ¿Qué canciones seleccionarían para ellos?*

- *Define el edadismo con tus propias palabras. ¿Crees que el edadismo es un problema mayor hoy que hace cincuenta años? Explica tu respuesta.*

- *¿Qué versículos de las Escrituras proporcionan más orientación para afrontar el proceso de envejecimiento personal y profesionalmente?*

Capítulo Cuatro

Reconectar

Cuando alguien le dijo a la poetisa de ochenta y nueve años Dorothy Duncan que había vivido una "vida plena", ella respondió secamente, "¡No te atrevas a ponerme en pasado!".

Con demasiada frecuencia, los adultos mayores de muchas iglesias evangélicas pueden sentirse como si lo estuvieran, desconectados. ¡Es el momento de reconectar!

Jesús dijo: "He aquí, os digo que levantéis los ojos y miréis los campos, porque ya están blancos para la siega" (Juan 4:35b), y luego: "Verdaderamente la cosecha es abundante, pero los obreros son pocos. Rogad, pues, al Señor de la mies que envíe obreros a su mies"

> Hay muchos estudios y muchas estadísticas que indican el rápido crecimiento de la población de personas mayores, pero también hay grandes pruebas que demuestran que la calidad de vida y la atención a las personas mayores se están deteriorando aún más rápidamente.

(Mateo 9,37-38). Hay un campo de cosecha en nuestras comunidades que está "fuera de la vista, fuera de la mente". Hay muchos estudios y muchas estadísticas que indican el rápido crecimiento de la población de personas mayores, pero también hay grandes pruebas que demuestran que la calidad de vida y la atención a las personas mayores se están deteriorando aún más rápidamente. La población adulta de sesenta y cinco años o más, es de 35,3 millones y representa aproximadamente el trece por ciento de la población estadounidense. Es decir, uno de cada ocho estadounidenses. Se espera que este grupo demográfico se duplique en las próximas tres décadas: es decir, 39,7 millones en 2010; 53,7 millones en 2020; y, cerca de 73,3 millones en 2030, cuando el último miembro de la generación del *Baby Boomer* alcance la edad legal de jubilación.

En ese momento, los adultos mayores de sesenta y cinco años podrían ser uno de cada cinco estadounidenses. "Un estudio reciente demostró que cuanto más joven es una persona, menos probable es que tenga un comportamiento religioso. Descubrieron que el 34% de los *Baby Busters* [los nacidos entre 1966-1983] dicen estar "absolutamente comprometidos con la fe cristiana", en comparación con el 52% de los *Baby Boomers* [los nacidos entre 1946-1964], el 53% de los *Builders* [nacidos entre 1928-1944] y el 70% de los *Seniors* [nacidos antes de 1927]".[18]

APETITO DE MÁS

Hace varios años me pidieron que hablara en un almuerzo para adultos mayores en una de las iglesias de nuestra denominación. Me sorprendió y me sentí bendecido al encontrar en aquel acto a la mujer a la que había alquilado una habitación durante mis estudios en el seminario. Hacía veinte años que no la veía y empezó a contarme su historia. Contó cómo los estudiantes del seminario, a quienes alquilaba habitaciones, habían intentado durante varios años introducirla en una relación personal con Jesucristo. Fue en vano, y recordó que yo le había dicho que mi grupo de jóvenes rezaba por su salvación. Finalmente, junto con su marido, vino a

Cristo durante las reuniones de Billy Graham en Boston en el verano de 1974 (el año en que me licencié). Recordaba que le había dicho que rezaría por ella y que sería importante que leyera la Biblia y se involucrara en una iglesia evangélica.

"Durante los primeros ocho años", me dijo, "no leí la Biblia, pero seguía recordando las palabras que me dirigías. Con el tiempo, empecé a leer la Biblia, me uní a un grupo de estudio bíblico y me entusiasmé tanto con la Biblia que creé mi propio grupo de estudio bíblico y desde entonces enseño la Biblia". Continuó diciendo que yo tenía razón en lo que le había dicho, y que realmente necesitaba conectarse con la iglesia para crecer en su relación con Cristo. Por aquel entonces, ella asistía a un grupo de personas mayores que celebraban una comida de hermandad una vez al mes y disfrutaba mucho de la camaradería y del buen tiempo. Qué bendición saber que se había vuelto a conectar con la iglesia. Su vida había cambiado y se estaba convirtiendo en la mujer que Dios quería que fuera. Como iglesia, no podemos perder de vista este tremendo campo de cosecha [blanco (o gris) hasta la siega].

Permíteme mencionar, de nuevo, ¡otro Campo de Cosecha! Piensa en los casi dos millones de residentes de asilos de ancianos que viven en nuestros barrios o comunidades. Alrededor de dos tercios de esos residentes pasan a la eternidad cada año y es un campo de misión al que la Iglesia dedica poca reflexión, atención y oración. Piénsalo: estos residentes están viviendo en el puente de la trascendencia eterna. Muchos de los que viven en esos asilos se han "desconectado" de la Iglesia, ¡pero necesitan desesperadamente que se les vuelva a conectar! Recaudamos misioneros y fondos para enviarlos a los grupos de personas no alcanzadas, o a las personas ocultas del mundo. La mayoría de ellos se encuentran en lo que llamamos la Ventana 10-40. (Esto incluye a aquellos pueblos que viven entre los 10 y los 40 grados de longitud del globo).

Sin embargo, cuando salimos por la puerta de casa cada mañana, entramos en la Ventana 40-50, donde el cuarenta por ciento de nuestra población tiene cincuenta años o más, y de ese grupo 1,8 millones de personas viven en las residencias de ancianos de Estados Unidos. Son un "grupo de personas ocultas a la vista" de casi todas las iglesias de América, y un campo de misión formado por los que están más cerca de la puerta de la eternidad. Este grupo está formado por personas con una edad media de 83 a 85 años, y las estadísticas dirían que un alto porcentaje no tiene parientes vivos, no recibe correo ni visitas. Este campo de misión es prácticamente ignorado, ¡lo que permite que muchas personas mueran y entren en una eternidad sin Cristo!

QUIEREN AL HOMBRE PRINCIPAL

En cuanto a las visitas a la iglesia, no basta con enviar a alguien del comité de visitas a visitar a un miembro de la iglesia. Mi experiencia me dice que los residentes de esta generación quieren ver a su pastor. Si el clero no viene, el sentimiento es: "¡Mi iglesia ya no se preocupa por mí!".

Esto resultó cierto con un residente de la comunidad de jubilados en la que presté mis servicios como capellán. Dijo que ya no le importaba hacer el esfuerzo de ir a su propia iglesia, porque en los ocho años que había vivido en nuestro centro de jubilados el pastor no había llamado en persona ni por teléfono ni una sola vez. Se unió a nuestro equipo de alabanza de voluntarios y se convirtió en acomodador jefe, donde encontró un propósito y un valor que ya no sentía en su iglesia de origen.

Ya he mencionado esto de pasada, pero ¡toma nota! En Estados Unidos una persona cumple cincuenta años cada siete segundos. El Baby Boom está sobre nosotros... una especie de tsunami, que traerá lo que bien podría ser la mayor oleada de población sin iglesia que desafíe a la iglesia en los próximos años. Como ya se ha dicho, en 2040 las personas de sesenta y cinco años (o más) podrían representar una de cada cuatro personas de nuestra población.

Muchos de los Baby Boomers abandonaron la iglesia durante la revolución cultural de los años 60 y 70, para no volver jamás. Es hora de que los mayores de cincuenta años vuelvan a conectar con Dios a través de Cristo.

Si no han hecho un compromiso que les asegure la eternidad con Dios en el cielo, *el puente del significado eterno* les quitará para siempre la libertad de elección. ¡Nunca volverán a tener la oportunidad de hacer elecciones o cambios!

Ahora están en la cima de sus ingresos y pueden alimentar sus tendencias autoconsumistas, ensimismadas y autocomplacientes. Pueden tener una actitud optimista y positiva respecto al futuro. Creen que pueden conseguir todo lo que se propongan y, en su mayor parte, incluso abordan la espiritualidad a su manera, de un modo bastante secular.

Un artículo de una revista me llamó la atención con la siguiente afirmación

"Dentro de unos años, cuando los baby boomers encuentren su camino hacia los cuidados a largo plazo, las formas de proporcionar cuidados espirituales serán diferentes de las actuales. Muchos boomers han elegido un enfoque secular de la espiritualidad. En lugar de recurrir a la religión occidental tradicional, muchos boomers recurrirán a la terapia, practicarán ejercicios de reducción del estrés y participarán en ejercicios o programas de autoayuda para: sentirse mejor consigo mismos, resolver sus problemas y "ponerse las pilas". Otros han encontrado respuestas en la búsqueda de la belleza, el arte, la literatura, la naturaleza, el ejercicio físico y las religiones orientales y de otro tipo. La atención espiritual tendrá que ir al encuentro de los boomers allí donde estén, espiritualmente, y ayudarles en las tareas de desarrollo del envejecimiento con los recursos que aporten. Esto implicará probablemente ofrecer no sólo los tipos tradicionales de programas religiosos que se encuentran hoy en día, sino también programas espirituales adicionales de formato no religioso, como viajes y oportunidades culturales, programas de ejercicio físico, entornos de vida superiores y programas que les desafíen a formas alternativas de pensar y vivir".[19]

Ofrecer "programas espirituales de formato no religioso", como se ha dicho anteriormente, parece una contradicción de términos. Satisfacer las necesidades espirituales básicas de las personas sin los servicios espirituales de culto, rituales religiosos, estudio de la Biblia, parece bastante incómodo de pensar, pero indica el hecho de que el bienestar espiritual, definido en sentido amplio, puede reflejar necesidades de la humanidad que se satisfacen de forma puramente humanista. Hoy en día, muchos humanistas se centran en el "lado terrenal del hombre" y olvidan el hecho de que Dios no sólo creó al hombre del polvo de la tierra (terrenal), sino que lo diferenció de todos los demás animales creados del polvo, al insuflar en el hombre el aliento de vida.

LA ESPIRITUALIDAD COMIENZA CON DIOS, ¡NO CON EL HOMBRE!

> **El reto consiste en hacer saber a la gente que Dios trata de atraerla hacia Sí a través de Cristo Jesús y de la Palabra como forma de abordar las necesidades espirituales más profundas de la humanidad.**

El reto consiste en hacer saber a la gente que Dios trata de atraerla hacia Sí a través de Cristo Jesús y de la Palabra como forma de abordar las necesidades espirituales más profundas de la humanidad. La iglesia evangélica necesita crear de algún modo hambre y sed de aquello que satisfará las necesidades más profundas de forma eterna: una relación con Jesucristo. A diferencia de la próxima generación del baby-boom, los adultos mayores de hoy en día formaban parte de una generación, hace cincuenta o sesenta años, que era muy consciente de la pertenencia a la iglesia y, en bastantes casos, se trataba de una compulsión social más que de una elección libre. Peter Drucker, en su Prólogo al libro "*Halftime*", de Bob Buford, escribe:

"Cuando llegué por primera vez a este país en los años 30 como corresponsal estadounidense para un grupo de periódicos británicos, la asistencia a la iglesia era obligatoria. La solicitud de hipoteca que rellenamos a las pocas semanas de mudarnos a este país -y en un barrio acomodado y poco "religioso" de Nueva York- pedía dos referencias, una de las cuales tenía que ser el pastor de la iglesia a la que asistías. Si no tenías esas referencias, no podías conseguir una hipoteca. Incluso veinticinco años después, a principios de los años 50, en las ciudades pequeñas y en las zonas rurales de Estados Unidos, quien no iba a la iglesia no conseguía un préstamo bancario ni un trabajo decente".[20]

Muchos de los boomers de hoy no irán a la iglesia, pero se habrán ocupado de la espiritualidad de diferentes maneras, a menudo incursionando en religiones orientales y expresiones del tipo New Age. La mayoría de los adultos mayores de hoy al menos sienten que deben ir a la iglesia los domingos, aunque puede que no participen mucho en otras actividades religiosas durante el resto de la semana. Los Boomers satisfarán sus deseos comprando sus coches, casas y residencias de retiro. Pagarán sus exorbitantes cuotas en los gimnasios, se unirán a clubes de campo y de viajes para ver más de este mundo, pagarán con créditos y harán cualquier cosa que les ayude a *vivir eternamente*. Sin embargo, a menos que la iglesia se proponga llegar a este creciente segmento de la población, su diseño de la espiritualidad será insuficiente al otro lado del *puente hacia el significado eterno*.

Puede ser cierto que los adultos mayores no sean respetados como Dios pretendía desde el momento de la creación, y que incluso pueden sentirse

> **Ninguno de nosotros está aquí por accidente, sino por elección de Dios para Sus propósitos.**

rechazados por la Iglesia. Sin embargo, ha llegado el momento de que la iglesia vuelva a conectar con ellos y con la creciente población *boomer*. Ninguno de nosotros está aquí por accidente, sino por elección de Dios para Sus propósitos. "Porque por él fueron creadas todas las cosas... *todas las cosas fueron creadas por él y para él*" (Colosenses 1:16, la cursiva es mía). Isaías 43:7 da el propósito del hombre tal como Dios lo entendió: "A todo el que es llamado por mi nombre, al que he creado para mi gloria, yo lo he formado, sí, yo lo he hecho".

El hombre fue creado como lo más elevado de la creación de Dios y se convirtió en un alma viviente cuando Dios sopló vida en sus fosas nasales y dio al hombre un estatus único a los ojos de Dios. Esto es lo que diferenció al hombre del mundo animal y le dio esa relación única con el Dios vivo. Jesús enseñó que el alma del hombre era su posesión más preciada y que sería algo trágico ganar todo lo demás y perder el alma, en referencia a una relación eterna con Dios (Mateo 16:26). Al hombre se le dio el propósito de vivir para la gloria de Dios (Efesios 1:11-12), y cuando todo está dicho y hecho, debemos vivir sólo para el placer de Dios. Según Apocalipsis 4:11, "Digno eres, Señor y Dios nuestro, de recibir la gloria, la honra y el poder, porque tú creaste todas las cosas, y por tu voluntad existieron y fueron creadas".

RECONECTANDO EL HONOR Y LA GLORIA

> El papel de la Iglesia, en relación con los adultos mayores, es reconectar a hombres y mujeres con Su propósito: vivir una vida que dé gloria a Dios.

El papel de la Iglesia, en relación con los adultos mayores, es reconectar a hombres y mujeres con Su propósito: vivir una vida que dé gloria a Dios. Queremos estar seguros de que estarán "en la gloria" cuando mueran. Durante la segunda mitad de la vida, ¡esto no puede descuidarse, pues el tiempo empieza a agotarse!

He observado que las principales iglesias protestantes cuentan con muchos adultos mayores entre sus miembros. Debido a la preocupación por cumplir sus necesidades y cuidar de ellos, estas denominaciones parecen ser las que mejor han trabajado, a lo largo de los años, en el estudio de las necesidades y la producción de recursos para el ministerio de los adultos mayores en la iglesia local.

Los evangélicos, en su mayor parte, se han dedicado a plantar nuevas iglesias y a desarrollar ministerios para y con los adultos jóvenes y las familias, y no han prestado mucha atención a los adultos mayores en sus iglesias o sus comunidades. Han estado prácticamente excluidos del ministerio. En los últimos años, parece haber una mayor conciencia de la necesidad de llegar a la población de ancianos, que crece rápidamente, pero pocos atienden esas necesidades. Dentro de unos años, la balanza de la población se inclinará hacia el lado de los mayores. Por desgracia, pocas denominaciones están abordando adecuadamente este grupo demográfico. Esto se confirma en un artículo titulado Ministerio para Adultos Mayores en la página web de la Asociación Nacional de Evangélicos con fecha 1 de enero de 1998 | RESOLUCIÓN. He aquí la cita: "La población de adultos mayores en los Estados Unidos de América está creciendo tres veces más rápidamente que la tasa de población nacional. A pesar de este hecho, sólo el 1% de las iglesias encuestadas tienen un director del ministerio de adultos, mientras que el 80% de las mismas iglesias tienen un trabajador de jóvenes voluntario o remunerado. Los adultos mayores poseen la capacidad de crecer espiritualmente y enriquecer la vida de los demás. Demasiado pocas iglesias ofrecen recursos reales para el crecimiento espiritual o proporcionan ministerios para adultos mayores más allá de las actividades recreativas." (https://www.nae.org/ministry-to-senior-adults/) No conozco las estadísticas actuales, pero supongo que siguen siendo más o menos las mismas. Hay muchas iglesias en todo el país que tienen, tal vez, un almuerzo mensual para mayores, o una clase de escuela dominical, y con suerte alguien del personal que visita a los confinados en casa, pero éste es a menudo un segmento de la cultura eclesiástica que se descuida. Conozco dos denominaciones que tienen un ministerio específico para las personas mayores. adultos. La Iglesia del Pacto de los Estados Unidos tiene un ministerio llamado Crescendo, y el otro se llama Ministerio de Adultos Mayores de las Asambleas de Dios.

Sin embargo, hay otros grupos que están dando un paso adelante para suplir las carencias de la Iglesia. Algunos de los grupos paraeclesiásticos que conozco son Christ Above Politics (Cristo por encima de la política), antes The Christian Association of Prime Timers (la alternativa cristiana a la AARP), The Community Chaplain Service, God Cares Ministry, Spiritual Eldercare, (Nursing Home Ministry Resources), Halftime, Significant Living Travel, Mission Next, antes The Finisher's Project, Elder Care y Links, una colección de recursos para personas mayores enviada periódicamente por Tom McCormick. El Ministerio Upper Room tiene una sección para adultos mayores en el sitio web, con libros y devocionales, y Senior Living Ministries publica un devocional diario, de lunes a viernes, así como entradas de blog. Un sitio web titulado The Oldst Ministry Paradigm (El Paradigma del Ministerio de la Tercera Edad) enumera una serie de libros dirigidos a los Adultos Mayores y a los Ministerios de Adultos Mayores. Para los abuelos que deseen ejercer un ministerio con propósito entre sus hijos y nietos adultos, hay dos ministerios maravillosos con recursos centrados en la Abuelidad Cristiana Intencional. El más antiguo es The Christian Grandparenting Network, fundado por Cavin Harper hace unos veinticuatro años, y un ministerio más reciente llamado The Legacy Coalition, fundado en 2016. Otro ministerio relacionado con la Red de Abuelos Cristianos es Elderquest: Engaging the Generations, fundado por el director ejecutivo, Cavin

Harper, y la fundadora y presidenta de Grandparents N' Charge, Gloria Williams.

Cada año se publican algunos libros más sobre el tema y parece que se proporcionan amplios recursos para el desarrollo del ministerio evangélico a los adultos mayores. Es imperativo que los seminarios evangélicos, en la preparación de los futuros ministros, empiecen a incluir más énfasis en el ministerio de los adultos mayores en el plan de estudios.

Los ministerios para los mayores de cincuenta años deben rediseñarse pensando en Él, no en los mayores ni en la iglesia. Tenemos que ayudar a este grupo de población a vivir su segunda mitad con un significado eterno, pero no se conseguirá con reuniones sociales.

¿Qué nos dicen las Escrituras sobre el propósito y los objetivos para los adultos mayores que forman parte de nuestras iglesias o necesitan ser alcanzados en nuestras comunidades? Para el adulto mayor cristiano, los cincuenta años y más deberían estar llenos de fecundidad y propósito: "Los que están plantados en la casa de Yahveh florecerán en los atrios de nuestro Dios. Aún darán fruto en la vejez; estarán frescos y florecientes..." (Salmo 92:13 -14). El salmista da una maravillosa declaración de propósitos para la segunda mitad, sea cual sea la edad: "Ahora también, cuando sea viejo y canoso, oh Dios, no me abandones, hasta que anuncie tu fuerza a esta generación, tu poder a todos los venideros" (Salmo 71:18).

Los jóvenes de hoy tienen muy pocos héroes sobre los que construir sus vidas. Piensa en el maravilloso propósito y la oportunidad de contribuir a la vida de los nietos, bisnietos y jóvenes de las iglesias. Quizá nuestras iglesias podrían empezar a abrir conexiones generacionales mediante clases conjuntas de escuela dominical, salidas de adultos mayores y jóvenes de vez en cuando, o programas de adopción de abuelos. Los adultos mayores podrían leer a los niños, o escuchar "versículos de memoria" en los programas infantiles durante la semana.

Hace un par de años, asistí a un seminario sobre posmodernismo y una de las participantes, una joven de unos veinte años, hizo un comentario interesante. Dijo que su generación, conocida como Gen-Xer, era una generación de jóvenes que no tenían mucho a lo que aferrarse en sus vidas, que procedían de familias rotas y que, en general, estaban un poco perdidos en la sociedad. ¿Y si los Gen-Xer pudieran hacer una lista de preguntas a las que quieren respuesta? ¿No sería la lista algo parecido a esto?

- *¿Cómo podemos tener un buen matrimonio?*
- *¿Cómo conciliaste carrera y matrimonio?*
- *¿Cómo mantuviste viva una relación personal con Jesús y conciliaste carrera y matrimonio?*
- *¿Cómo podemos ser padres con relaciones sanas, santas e íntegras enraizadas en las verdades bíblicas?*

Ellos tendrían el deseo de aprender de estos adultos mayores y, sin embargo, se sienten repelidos por ellos. La generación mayor no sabe muy bien qué hacer con su pelo teñido, sus partes del cuerpo perforadas, etc. Sin embargo, a esta generación más joven le gustaría aprovechar la sabiduría que parece haber dado a estos adultos mayores una base segura y firme para vivir.

Ella dijo que sentía que su generación era una amenaza para estos adultos mayores con los que deseaban desesperadamente una relación. Precisamente lo que quiere la generación más joven se interpone en el camino de las relaciones significativas. La comunicación bidireccional es de vital importancia para ambos grupos de edad.

REFLEXIONA Y CRECE

- *Además de crear hambre y sed en el grupo de más de cincuenta años, ¿cómo puede la iglesia mantenerlos alimentados y regados?*

- *¿Qué puede hacer la iglesia para suscitar héroes en todas las generaciones?*

- *En cuanto a la comunicación intergeneracional, ¿hasta qué punto se sienten cómodos los líderes de tu iglesia o comunidad para conseguir que los grupos de distintas edades compartan ideas, actividades y preocupaciones?*

Capítulo Cinco

Dándole cuerda al reloj y recuperando el tiempo

Si los adultos quieren lograr dar fruto en sus años de madurez, tendrán que ver las cosas de otra manera. En lugar de considerar que los cuarenta años ya han pasado, me gustaría sugerir que ha llegado el momento de dar cuerda al reloj. Las generaciones mayores entenderían la analogía de un reloj de cuerda, mientras que las más jóvenes probablemente sólo conocerían los relojes que utilizan pilas o que se encuentran en sus teléfonos móviles, iPhones, iPads, etc.

Al igual que un reloj de cuerda se ralentiza y se para hasta que se le vuelve a dar cuerda, el adulto de mediana edad necesita coger la llave del reloj de su vida y darle cuerda para que siga funcionando. A los cuarenta años hay que empezar a darle cuerda... preparándose para el futuro... mientras la persona espera estar libre de trabajo y otras responsabilidades y prepararse para los años más eficaces de servicio al Señor. Un día, el reloj se detendrá y no se le volverá a dar cuerda.

Podría mostrarse como en la ilustración siguiente.

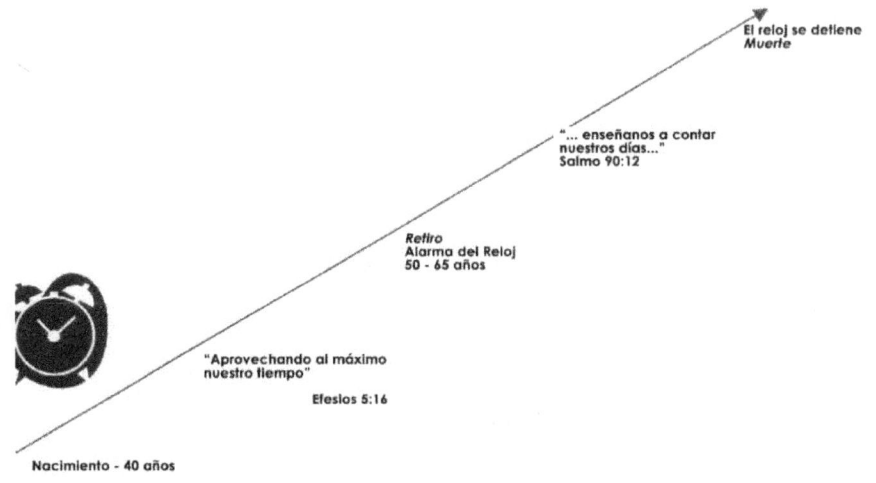

El reloj se detiene
Muerte

"... enséñanos a contar
nuestros días..."
Salmo 90:12

Retiro
Alarma del Reloj
50 - 65 años

"Aprovechando al máximo
nuestro tiempo"

Efesios 5:16

Nacimiento - 40 años

DÁNDOLE CUERDA AL RELOJ Y RECUPERANDO EL TIEMPO

Desde mis primeros días de ministerio con adultos mayores, en 1976, he construido mi ministerio sobre la base de las vidas de dos adultos piadosos que se encuentran en Lucas 2. Sus nombres eran Simeón y Ana. Se llamaban Simeón y Ana. Mi visión del ministerio se desarrolló a partir de la visión que creo que Dios me dio, en aquellos primeros años, al leer sobre estas dos personas que encontraron su propósito en la vida, y en la muerte, en una relación con Jesucristo.

La misión se basa en dos objetivos. *En primer lugar*, presentar la salvación sólo a través de Cristo Jesús. Simeón tenía la promesa de Dios de que no vería la muerte hasta que hubiera visto a Cristo (Lucas 2:26). Es importante que los adultos mayores encuentren, y luego crezcan en una relación con Dios a través de Jesús, para que tengan la seguridad de que pueden morir en paz y tener asegurado el cielo (2:29-30). *En segundo lugar,* ofrece oportunidades de servicio. Ana, que había sido viuda durante ochenta y cuatro años, había pasado esos años sirviendo a Dios con ayunos y oraciones, noche y día en el templo (2:37). La vida de Ana es un ejemplo de alguien que sirvió al Señor y lo puso en primer lugar.

> **Cuando las personas empiezan a establecer prioridades antes de disponer de más tiempo y dinero discrecionales, pueden utilizar mejor esos años futuros para un significado eterno.**

Una vez que esta generación de la segunda mitad ha establecido una relación con el Señor, hay que animarla a crecer en la adoración y el servicio al Señor. Para que eso ocurra, es necesario hacer algunos planes, y no hay mejor momento para hacerlos que antes de que entren en la *segunda mitad de su vida,* después de los cincuenta años. En algún momento entre los cuarenta y los cuarenta y cinco años, es hora de dar cuerda al reloj; y con cada vuelta de la perilla pensar en las cuestiones; financieras, relacionadas con la salud, la prevención, la vivienda, el crecimiento espiritual, los dones espirituales y cómo Dios podría utilizarlos en el futuro. Quizá éstos sean los años más eficaces de servicio relacionado con el ministerio, ya que tienen más libertad de tiempo y económica.

Cuando las personas empiezan a establecer prioridades *antes* de disponer de más tiempo y dinero discrecionales, pueden utilizar mejor esos años futuros para un significado eterno. Los pensamientos deben empezar a centrarse en la *vocación* y el *propósito* más que en la carrera. Howard Hendricks hizo esta afirmación en un mensaje que escuché en una conferencia para mayores: "Nuestra ocupación es aquello por lo que *nos pagan*, pero nuestra vocación (llamado) es aquello para lo que *estamos hechos*".[21]

En vista del creciente número de adultos mayores de cincuenta años en la sociedad y en nuestras iglesias, habrá una mayor oportunidad para que las iglesias desarrollen ministerios para llegar a los que no conocen a Cristo y liberar a los que sí lo conocen para el servicio al Señor. Algunas pueden desarrollar ministerios diseñados para aportar esperanza, crecimiento espiritual, más interdependencia intergeneracional, una implicación más profunda de ayuda mutua y compañerismo entre los adultos mayores, y contribuir a que los años de la segunda mitad años más significativos. Mientras Dios dé vida, los creyentes están llamados a glorificar a Dios, según Efesios 1:12, "para que los que primero confiamos en Cristo seamos para alabanza de Su gloria". Pablo recordó a los oyentes de la Colina de Marte: "En Él vivimos, nos movemos y existimos" (Hechos 17,28). Colosenses 3:17 recuerda a cada creyente anciano: "Y todo lo que hagáis de palabra o de obra, hacedlo todo en nombre del Señor Jesús, dando gracias a Dios Padre por medio de Él."

Una mujer que servía en el comité coordinador del ministerio de adultos mayores en nuestro ministerio local de distrito vino un día a una reunión y dijo: "¡Ésta es mi última reunión!". Había servido desde el principio de este ministerio y ahora, a sus noventa y dos años, se sentía llamada a algo más grande. Dijo: "He estado llevando a señoras de la comunidad a las citas, he tenido muchas oportunidades de compartir mi fe, y necesito dedicar más tiempo a 'mis señoras'. *Ellas son mi iglesia*". No quiero perder las oportunidades que Dios me está dando. No sé cuánto tiempo me queda, ni a mí ni a ellas, y creo que Dios me ha traído a estas señoras".

Practicar la presencia de Cristo: simplemente "ser"

¿Qué ocurre si el adulto mayor ya no puede "hacer" más? Después de que se asiente la comprensión de que no puede hacer, entonces el "*ser*" desempeña un papel importante. Lee lo que dice Pablo en 2 Corintios 4:16. Estas palabras no ofrecen una imagen atractiva del envejecimiento, pero sí una promesa maravillosa "Por eso no desmayamos. Aunque nuestro hombre exterior se esté deteriorando (NVI, 'consumiendo'), el interior se renueva día a día".

Recuerdo que el cuerpo de Carl se estaba apagando debido a los males del cáncer. Ya no podía "hacer" más, como había hecho antes como hombre de negocios de éxito y siervo del Señor, pero mientras yacía en su cama su corazón piadoso le permitía simplemente practicar la presencia de Cristo: "ser" la persona que Dios quería que fuera. ¡Qué ministerio tenía para los demás! Le visité unos días antes de su muerte. Tras una breve visita que incluyó la lectura de las Escrituras y la oración, me dijo mientras salía de la habitación: "¡Vuelve, por favor! Me siento avergonzado -dijo-. Tú has rezado por mí y yo ni siquiera me he ofrecido a rezar por ti. ¿Cómo puedo rezar por ti y por tu familia?".

Volví, y este hombre, cuyo cuerpo se consumía, ministró la presencia de Cristo, a través de la oración, mientras él simplemente trataba de "ser" la persona que creía que Dios quería que fuera, incluso mientras luchaba contra

> **Los adultos mayores cristianos que dedican tiempo a la Palabra de Dios, manejan las crisis, los cambios y los retos del envejecimiento con mayor fortaleza que los que no dedican tiempo a la Palabra de Dios.**

esta enfermedad que pronto le llevó al cielo. Sabía que su cuerpo pronto volvería al polvo, pero estaba dispuesto a morir. Había puesto su fe en Dios a través de Jesucristo muchos años antes, y quería utilizar sus últimos días para *conectar* a sus visitantes con Dios a través de la oración, aunque no fuera por otros medios.

Pedro dice que debemos "crecer en la gracia y el conocimiento de nuestro Señor y Salvador Jesucristo" (2 Pe 3,18). Para ello, debemos confiar en la Palabra de Dios para que nos instruya con palabras como éstas: "Así que la fe es por el oír, y el oír, por la palabra de Dios" (Romanos 10:17). He observado que los adultos mayores cristianos que dedican tiempo a la Palabra de Dios, manejan las crisis, los cambios y los retos del envejecimiento con mayor fortaleza que los que no dedican tiempo a la Palabra de Dios.

Una residente me paraba a menudo para decirme que le había gustado mi historia del niño que le dijo a su padre que sabía lo que significaba la palabra Biblia. El hijo le dijo a su padre: "Es sencillo. B-I-B-L-E... *Basic Information Before Leaving Earth*" (Información Básica Antes de Dejar la Tierra). Un día vino a verme una enfermera y me dijo: "¿Sabes por qué la gente debe leer más la Biblia a medida que envejece?". La respuesta es ¡*para estudiar para los exámenes finales*! Romanos 10:17 llegó a significar mucho para mí mientras atendía a los residentes y veía el beneficio de una fe fuerte y creciente que se construye sobre las Escrituras.

LUCHA Y TERMINA CON FE

Cuando llegamos al final de nuestras vidas queremos poder saber que hemos acabado bien, como dijo Pablo en lo que muchos han llamado sus últimas palabras: "Porque ya estoy siendo derramado como una libación, y se acerca el momento de mi partida. He combatido el buen combate, he acabado la carrera, he guardado la fe" (2 Tim. 4:6-8).

El salmista escribe: "Enséñanos, pues, a contar nuestros días, para que adquiramos un corazón sabio" (Salmo 90:12). Se cree que Moisés escribió este salmo; quizá cuando estaba a punto de terminar su larga vida de servicio a Dios. Había vivido 120 años, y sin embargo escribió que la esperanza de vida normal sería de setenta a ochenta años. Repasando su vida, pasó sus primeros cuarenta años en Egipto preparándose para asumir el liderazgo de llevar al pueblo de Dios a través del desierto hasta la Tierra Prometida. Sus años reales de servicio a Dios fueron unos ochenta años. Tal vez pensara en esto cuando escribió estas palabras sobre contar nuestros días. También escribió: "¡Oh, si fueran sabios, si comprendieran esto, si consideraran su postrer fin!" (Deuteronomio 32:39).

> **Mientras puedan servirle, deben hacerlo, y cuando hayan llegado a un punto en el que ya no puedan servir activamente, entonces necesitan ser la persona que Dios quiere que sean y tener un testimonio que continúe hasta la muerte.**

Una persona con setenta años de vida dispone de unos 18.000 días de servicio potencialmente útil para el Señor, suponiendo que sus primeros veinte años, más o menos, los dedique a la educación y la formación. No es tan importante que contemos nuestros días, sino que hagamos que nuestros días cuenten, y que cuenten para el Señor. Cuando los adultos mayores "cuentan sus días", es importante que crezcan en el Señor, para que sigan "creciendo en la gracia y en el conocimiento de nuestro Señor y Salvador Jesucristo" (2 Pedro 3:18). John DeBrine, del programa de radio llamado *Songtime*, que escuché durante muchos años, decía a menudo: "Crece en gracia para no gemir en desgracia".

¡LOS ADULTOS MAYORES NECESITAN UN PROPÓSITO!

Ese propósito debe ser uno que honre al Señor. Mientras puedan servirle, deben hacerlo, y cuando hayan llegado a un punto en el que ya no puedan servir *activamente*, entonces necesitan ser la persona que Dios quiere que sean y tener un testimonio que continúe hasta la muerte. Es lamentable que algunos de los adultos mayores que han estado en la iglesia *toda* su vida, no crezcan y parezcan débiles en su fe.

Hace tiempo leí una historia sobre un niño que se cayó de la cama mientras dormía. Su madre le preguntó: "¿Por qué te has caído de la cama?". La respuesta fue sencilla pero cierta. Dijo: "Supongo que fue porque me quedé demasiado cerca del borde de la cama".

El apóstol Pablo escribe: "Hermanos, no seáis niños de entendimiento; en cambio, en la malicia sed niños, pero en el entendimiento sed maduros" (1 Corintios 14:20). Es deshonrar al Señor permanecer como niños espirituales. Necesitamos tener la fe de un niño pequeño, según la Palabra de Dios. En otras palabras, una simple confianza, y sin embargo, en nuestro entendimiento debemos crecer, avanzando siempre en nuestra fe.

El reto al que se enfrentan quienes dirigen grupos de adultos mayores en la iglesia, así como el del capellán que ejerce su ministerio en un centro de jubilados de atención continuada o en una residencia de ancianos, es hacer que las personas sigan avanzando con una fe creciente. Para algunos, esto significa entrar en una relación salvadora con Dios a través de Jesucristo por primera vez en su vida. Para los que tomaron una decisión temprana en la vida, puede ser simplemente retarles a que miren hacia atrás en esa decisión, se vuelvan más decididos y sigan creciendo en su fe.

Hace un par de años, en una serie especial de reuniones durante la Cuaresma, una mujer se me acercó al final de la tarde y me dijo que había levantado la mano para volver a comprometer su vida con Cristo. A los doce años, en la clase de confirmación, había tomado su decisión inicial, pero no le había prestado demasiada atención a lo largo de los años.

En otra ocasión, un residente vino a mi despacho el martes siguiente al culto del domingo anterior, con el encarte del boletín que había firmado. El inserto era una declaración de compromiso de salvación o de nuevo compromiso con Cristo. Este médico dijo que le había recordado un compromiso que había hecho en su clase de confirmación cuando tenía unos doce años, y pensó que era bueno que volviera a comprometerse con Cristo.

Otra mujer, que había sido organista durante cincuenta años en una iglesia protestante tradicional, asistía fielmente a nuestros estudios bíblicos semanales. Tenía muchas necesidades emocionales y era extremadamente frágil mentalmente cuando entró en nuestra residencia de ancianos. De hecho, era tan frágil que se desmoronaba emocional y físicamente al menor desafío o temor. Unos dos días después de volver a su habitación desde una planta que ofrecía más atención médica, se puso en cuarentena todo el centro. Esto se debió a un síndrome respiratorio superior que se propagó rápidamente por todo el centro sanitario. Se puso tan nerviosa que tuvieron que ingresarla en el hospital psiquiátrico por miedo a que enfermara.

Algún tiempo después, tras regresar a nuestro centro, vino a verme después de un estudio bíblico semanal al que había asistido con regularidad y me dijo: "A menudo oigo que mencionas lo de nacer de nuevo y quiero saber exactamente a qué te refieres." Aquel día tuve el privilegio de llevarla a una experiencia de salvación de "nuevo nacimiento". Muy apropiadamente, el altar de aquella importante decisión fue el banco del piano de nuestra capilla. Había pasado muchos años ministrando y guiando a la gente en el culto al piano y al órgano. Aquella tarde, en el piano de nuestra capilla, oró para recibir a Cristo en su vida, pidiéndole que perdonara sus pecados y entrara en su vida como su Salvador personal.

Su vida cambió. Entabló una estrecha amistad con residentes que murieron más tarde, pero encontró una nueva fuerza para seguir adelante a pesar de esas pérdidas. También padeció un cáncer de mama y se fracturó las dos caderas. Superó estos contratiempos físicos y emocionales con una asombrosa fuerza interior de la que carecía cuando llegó por primera vez a nuestra residencia. En una reunión de personal, salió a relucir su nombre y algunas enfermeras que llevaban trabajando el tiempo suficiente como para recordar su frágil espíritu dijeron: "¡Elim Park ha sido bueno para ella!". Una enfermera continuó: "No sé qué ha pasado, pero ha ganado mucha fuerza emocional". Yo sabía la verdadera respuesta. Era una fuerza interior producto del Espíritu Santo y de la presencia de Cristo en su vida. No sólo había llegado a conocer a Jesús como su Salvador, sino que también se había nutrido de relaciones personales con creyentes fuertes y maduros, y había podido establecer amistades a lo largo de los años.

La última de esas relaciones significativas fue con un pastor jubilado. El estudio semanal de la Biblia también era una prioridad importante en su vida. Encontró un nuevo propósito para vivir y el resultado fue una fortaleza personal y un espíritu de servicio que benefició a varios residentes a lo largo de los años. Se reencontró con el Señor, a quien había servido a lo largo de los años, pero nunca había llegado a conocer de forma personal.

UNA NUEVA SALIDA

Pienso en otra señora, Esther, que se describió a sí misma como una profesora universitaria agnóstica durante toda su vida. Aunque llevaba muchos años jubilada, y finalmente se trasladó a nuestra comunidad de jubilados, era una ávida lectora y una *estudiante de por vida*. Entabló una relación maravillosa con un residente que había sido pastor y ahora estaba bien entrado en años de jubilación. A raíz de esa relación, se convirtió en una creyente renacida y se entusiasmó tanto con su fe que dedicaba todos sus ratos libres a estudiar las Escrituras. No perdió tiempo en recuperar los años perdidos, pues deseaba haber conocido a Jesucristo antes en su vida. Decidió que invertiría el resto de su vida en la tierra en aprender todo lo que pudiera sobre la Palabra de Dios y sobre su nuevo amigo, Jesucristo.

Casi al final, hablaba en nuestros devocionales matutinos y utilizaba sus copiosas notas que guardaba mientras estudiaba. Tras su muerte, me sentí bendecida cuando su familia decidió darme esas notas de estudio. (También me dieron muchos de los sermones escritos, mensajes de radio y servicios funerarios del pastor que la condujo a Cristo). Estos "creyentes en crecimiento" fueron una bendición y me dejaron una herencia maravillosa y significativa en los últimos años de su vida, pues "dieron fruto en la vejez" (Salmo 92:13-14). Y fue el resultado de estar reconectados.

"La fe, lejos de apartarnos del mundo, nos devuelve a él", dice Paul Tournier en su libro *The Adventure of Living*. Él dice: "La fe despierta en nosotros un nuevo interés por el mundo, por la realidad concreta de cada día, y por dura y difícil o dolorosa que sea, es maravillosa al mismo tiempo. La alegría de vivir, a menudo realizada en las cosas sencillas de la vida, produce un gran placer. La alegría de sentir que lo que hacemos es absolutamente único, que nadie más será jamás quien somos, que ningún otro momento de la vida será igual al actual, que la alegría de cada experiencia, de cada acto, de cada éxito, es lo que significa estar hecho a imagen de Dios, es precisamente lo que debería darnos valor para vivir."22

DESPRENDERSE DE LAS COSAS

Él continúa recordándonos: "Hay decepciones, tropiezos y fracasos. Incluso nuestros éxitos nunca son definitivos ni completos. Dice que cuanto más viejo se hace uno, aumenta el recuento de proyectos y esperanzas abandonados. Uno se da cuenta de que algunas cosas nunca se conseguirán con la capacidad cada vez menor del trabajo y sus facultades en declive. ¿Significa eso que la aventura ha terminado? En absoluto". Continúa compartiendo: "La aventura sólo va en una dirección: siempre hacia delante. Si la vejez sólo mira hacia atrás, ya sea por orgullo o por pena, va a correr contra la corriente de la vida. Cada edad tiene su propia aventura. Y antes o después, de repente o poco a poco, todo acabará en la muerte". Tournier continúa diciendo: "El pasado no es más que un campo de entrenamiento para la aventura. El trabajo de un hombre es su vida, por lo que la vejez aún puede orientarse hacia el futuro; sí, ¡hasta la muerte!".

Jesucristo triunfó en su vida siendo "obediente hasta la muerte" (Filipenses 2:8). El sentido de la vida es vivir en obediencia a Dios. Tournier dice que, "al desprenderse de las cosas particulares y las acciones efímeras, y al apegarse en cambio

> "El trabajo de un hombre es su vida, por lo que la vejez aún puede orientarse hacia el futuro; sí, ¡hasta la muerte!".
>
> -Tournier

a los valores trascendentes, al aceptar su condición humana, necesariamente frágil, temporal, limitada e incompleta, la persona anciana sigue obedeciendo a Dios, que hizo a los hombres "extranjeros y desterrados en la tierra" (Hebreos 11:13). Desde la cuna, en adelante, la vida es una elección; una elección de despojarse de cosas a lo largo de las etapas de la vida hasta que se produce una revisión de valores que debe tener lugar en los últimos años de la vida. Es como si vertiéramos todas las múltiples cosas de la vida en un embudo hasta que quedan las que son de máxima importancia. La vejez está llena de pérdidas, pero si Cristo forma parte de nuestra vida, nos damos cuenta de que, cuando todo lo demás desaparece, Jesús dice: "Nunca te dejaré ni te abandonaré" (Hebreos 13:5)".

A medida que envejecemos, experimentamos muchas pérdidas. Cada vez es más importante encontrar la fuerza de una fe que se fortalece a medida que las pérdidas se multiplican con el paso de los años. La otra cara de la multiplicación espiritual (ganancia en lugar de pérdida) se expone en el saludo de Pedro registrado en 2 Pedro 1:2-3a (RV). "Gracia y paz os sean multiplicadas por el conocimiento de Dios y de Jesús, nuestro Señor, según su divino poder...". He aquí la respuesta para ganar fuerza en el embate de las pérdidas: el conocimiento de Dios que viene a través de una relación con Jesucristo y da poder para seguir adelante.

Las palabras del apóstol Pablo lo confirman: "Pero tenemos este tesoro en vasos de barro, para que la excelencia del poder sea de Dios y no nuestra". *Estamos* apurados por todas partes, pero no aplastados; perplejos, pero no desesperados; perseguidos, pero no abandonados; derribados, pero no destruidos, llevando siempre en el cuerpo la muerte del Señor Jesús, para que también la vida de Jesús se manifieste en nuestro cuerpo" (2 Corintios 4:7-10). Pablo pasa a describir lo que en el mundo físico se conoce como la ley de la entropía, el hecho de que con el tiempo las cosas se autodestruyen y disminuyen. Hace unos años, nuestra familia limpió la casa de mi abuela tras su muerte. Descubrimos que la tela, el metal, la madera y el papel envejecidos parecían haberse vuelto andrajosos, oxidados, podridos y desintegrados con el paso del tiempo, y no tenían más valor que el de ser arrojados al montón de basura. No pude evitar recordar que para los seres humanos es lo mismo; el cuerpo se destruye poco a poco hasta que está listo para ser enterrado en la tierra. Sin embargo, para el creyente en Cristo, Pablo dice que "... aunque nuestro hombre exterior se va deteriorando, el interior se renueva día a día" (2 Corintios 4:16). Un par de versículos más adelante dice: "No nos fijamos en las cosas que se ven, sino en las que no se ven. Porque las cosas que se ven son temporales, pero las que no se ven son eternas" (v. 18). El propósito de la vida es encontrar el propósito de Dios y prepararse para encontrarse con Él en la muerte. Esto sólo puede lograrse mediante la fe en Jesucristo.

Nuestro mundo da más valor a lo visible que a lo invisible. Y éste es un mensaje poco favorable a la vejez y, como consecuencia, hace que los ancianos se sientan devaluados y a disgusto. A menudo se sienten inútiles y rechazados, porque, como dice Tournier, "La aventura de la vida sólo se define como acción". Sin embargo, subraya, "la mayor de las aventuras no es la acción, sino nuestro propio desarrollo". Mientras una persona en la tercera edad pueda "hacer", sí que implica acción. Pero cuando esa persona ya no puede "hacer", aumenta mucho su dependencia de Dios y disminuye su dependencia de los hombres y del mundo para su desarrollo interior.

Las palabras de Jesús recuerdan al adulto mayor (así como a cualquier persona de cualquier edad) que pierde su vida por Jesús, acepta una nueva aventura de revisión de valores, y está dispuesto a desprenderse de todos los tesoros acumulados en la tierra, para aferrarse a Cristo por toda la eternidad. "Porque quien quiera salvar su vida, la perderá; pero quien pierda su vida por Mi causa, la encontrará. Pues ¿de qué le sirve al hombre ganar el mundo entero, si pierde su alma? ¿O qué dará el hombre a cambio de su alma?" (Mateo 16, 25-26). La nota de la Biblia de Estudio del Defensor dice: "¡Esta es una notable cuenta de pérdidas y ganancias! La palabra griega para "alma" es psuche, de la que procede nuestra palabra castellana "psicología", que significa "estudio del alma". Aunque también puede significar "vida", según el contexto, el énfasis y la comparación aquí parecen referirse claramente al alma eterna de cada uno".[23]

Sí, el cuerpo físico puede morir, poco a poco, pero el alma tiene "vida", y ésa es la parte que puede renovarse día a día. En Agenda, el boletín de la Presbyterian Older Adult Ministry Network (Red Presbiteriana de Ministerios para Mayores), hay un artículo titulado "*Los años en que se crea el alma*", que afirma: "La psicología de Carl G. Jung exige una orientación diferente en la vejez. Para Jung, los primeros años son el momento del desarrollo del ego, pero la segunda mitad de la vida es para el pleno desarrollo del Yo. El Yo es la imagen única de Dios que somos cada uno de nosotros". Dice: "Debemos superar el lugar de equipararnos al ego o a los logros pasados y buscar siempre dentro de nosotros mismos más fuerza y fuera de nosotros para crecer y cambiar "[24]. El artículo dice que es una época para la creación del alma, una época para el *florecimiento de la personalidad*.

Cuando una persona llega a conocer a Cristo como Salvador en la juventud o en la vejez, su vida empieza a florecer. En la vejez, la flor empieza a desplegarse y, a través del crecimiento espiritual, debe producir una hermosa flor que sea de dulce aroma para el Señor y un maravilloso testimonio para los demás de la belleza de Cristo (2 Corintios 2:15). La imagen verbal de la última frase me recuerda una pancarta que colgaba en la capilla de una residencia de ancianos que solía visitar en New Bedford, Massachusetts. Decía: "Florece donde te planten". En otras palabras, vive para la gloria de Dios, y sírvele allí donde te encuentres en tu vida y con tus capacidades.

W. Glyn Evans compartió en un devocional: "Esto es lo que hiciste por mí, Señor, cuando oí por primera vez Tu nombre y te entregué mi corazón. El desierto estéril se volvió verde cuando el agua de la vida empezó a correr por mi vida (Salmo 107:35)".[25] Empezaron a crecer frutos y flores, y la gente empezó a fijarse en ellos y a comentarlos. Ésa era la vida deliciosa, y sigue siéndolo cuando Tu agua hace que mi vida sea verde y hermosa". Evans concluye: "Si me mantengo continuamente sobre Él, multiplicará lo poco que tengo. Mi esterilidad dará paso a campos fértiles". [26]

A medida que la gente viva más y se enfrente al problema cada vez mayor de la longevidad, habrá más oportunidades de explorar lo que podría llamarse "trabajo del alma". En la obra del Dr. Lars Tornstam, un nuevo concepto llamado gerotrascendencia se considera la etapa final en la que el individuo se vuelve menos autoocupado y, al mismo tiempo, más selectivo en la elección de actividades sociales y de otro tipo. El individuo también puede experimentar una disminución del interés por las cosas materiales y encontrar una mayor necesidad de "meditación" solitaria, o soledad positiva, que se vuelve más importante. Muchos adultos mayores han pasado tiempo de calidad leyendo la Biblia, individualmente, o participando en un Estudio Bíblico en grupo al final de sus años, con gran beneficio. al final de sus años, con gran provecho. La trascendencia de la vejez, o "vivir por encima de las circunstancias", caracteriza a quienes "están sentados en los lugares celestiales en Cristo Jesús" (Efesios 2:6). ¡Parece que tienen una visión diferente de la vida!

VIVIR POR ENCIMA DE LAS CIRCUNSTANCIAS

Trabajé en un campamento de verano y estaba a cargo de la tienda del campamento. Mientras preparaba todo antes de que empezara el campamento, estaba colocando tarjetas de felicitación en el estante cuando me encontré con una que decía: "Sigue mirando hacia abajo". Me pareció extraño, porque estaba acostumbrado a decirle a la gente que mirara hacia arriba. Cuando abrí la tarjeta, terminaba la frase: "¡Seguid mirando hacia abajo porque estáis sentados en los lugares celestiales en

Cristo Jesús!". Qué gran recordatorio para el adulto mayor que lucha con la vida. La posición del creyente en Cristo le permite vivir por encima de las circunstancias. El creyente ya no debe decir: "Bueno, dadas las circunstancias, no estoy tan mal", cuando se le pregunta: "¿Cómo estás?". ¡La posición del creyente está por *encima*!

El único lugar verdadero para encontrar esa aventura de vivir y esa abundancia de vida está en Jesús. La fuente de este contentamiento está fuera de la humanidad y en Dios; cuando las personas llegan a la salvación por medio de Jesucristo, el Espíritu Santo mora en el creyente y le da una paz interior, contentamiento y fuerza. Pablo dice: " Y ciertamente, aun estimo todas las cosas como pérdida por la excelencia del conocimiento de Cristo Jesús, mi Señor, por amor del cual lo he perdido todo, y lo tengo por basura, para ganar a Cristo" (Filipenses 3:8). Las Notas de estudio del Defensor dicen que "ganar a Cristo" significa "ser ganancia para Cristo", y "no sólo debemos procurar ganar a Cristo y Su salvación para nosotros mismos, sino que también debemos ser espiritualmente provechosos en Su servicio".[27] En otras palabras, mientras una persona tenga vida, debe vivir para la gloria de Dios. Tournier dice: "Perderlo todo y aceptarlo... eso sí que es aventura". [28] Glyn Evans escribe lo siguiente,

No me gusta una religión de "cruz"... Ansío una religión de "gloria": una religión de sentimientos, fama, alegría y felicidad... Sin embargo, leo sobre Jesús, "que por el gozo puesto delante de él soportó la cruz" (Hebreos 12:2). Jesús encontró la alegría en la cruz, mientras que yo la rehuyo. No quiero soportar la cruz. Si me someto, la alegría de la cruz me ayudará a superar muchos días oscuros. La alegría no es la cruz en sí, sino sus consecuencias, pues Dios siempre se ocupa de los fines -las realidades finales-, no de los caminos hacia ellos.[29]

Una vez más, Tournier hace un importante comentario sobre el hecho de que este necesario desapego del mundo significa una comunión más estrecha con Dios (tal vez ésta fuera "la alegría puesta ante Cristo").

"El descubrimiento del mundo en la infancia es un acercamiento a Dios a través del asombro ante Sus obras. La aventura del adulto es la experiencia de Dios en acción: inspirado y guiado por Él. A lo largo de toda nuestra vida vamos aprendiendo a conocerle; primero mediante el estudio, luego mediante la acción y después mediante la adoración, y las tres aventuras no son más que una. Siempre hay un "Dios nuevo" que descubrir y un Dios conocido que redescubrir, y siempre una marcha hacia adelante." [30]

LA FUENTE DE LA AVENTURA

En el verano de 2000 hablé con un hombre que me dijo que se había jubilado anticipadamente porque quería dedicar el resto de sus años activos a Cristo. Se involucró en un programa llamado Outward Bound en Sudáfrica, al que viajó dos veces.

> "Pero el presente es real, vivo, activo e importante; perderme el propósito de Dios para mí hoy, paralizaría el futuro, además de neutralizar las lecciones beneficiosas del pasado."
>
> -W. Glyn Evans

Escaló el monte Kilimanjaro a mediados de los setenta. Cuando volví a hablar con él, a finales del verano de 2001, él y su mujer acababan de regresar de un descenso en canoa por el río Colorado. En octubre, canceló una conferencia en una semana de estudio para personas mayores porque estaba implicado en el *Chuck Colson*

Ministry of Prison Fellowship y viajaba a Washington, DC, para una reunión especial de sus líderes tras el 11 de septiembre. Este hombre ciertamente vivía una vida de aventura; y esa aventura implicaba no sólo el disfrute de la vida, sino también el deseo de vivir al servicio del Señor. Me dijo: "Desde que estoy jubilado, he visto a Dios obrar verdaderos milagros". Este hombre vivía una aventura cada día de su jubilación, y creía que Dios era la fuente de esa aventura que le proporcionaba una gran alegría cada día mientras procuraba servirle.

Evans señala que podemos vivir según el reloj de Dios, que está construido sobre un plan intemporal. De hecho, dice: "Ahora mismo vivimos en el presente, pero este presente está formado por el pasado y no podemos saber cómo se construirá en el futuro". Supongo que mi observación sería que sólo podemos confiar en el hecho de que la retrospectiva siempre es bastante esclarecedora -de hecho, una visión 20/20-, de modo que podemos mirar atrás y ver cómo han encajado las cosas. También sabemos que "a los que aman a Dios y son llamados según sus designios, todas las cosas les ayudan a bien" (Romanos 8:28). "Mi vida de ahora -dice Evans- es mi pasado, porque esas experiencias del pasado se han abierto camino en mi vida de ahora. Es una tontería pensar en el futuro, porque aún no sé lo que Dios tiene reservado para mí. Pero el presente es real, vivo, activo e importante; perderme el propósito de Dios para mí hoy, paralizaría el futuro, además de neutralizar las lecciones beneficiosas del pasado." Continúa diciendo que "el único horario que debo cumplir es un *horario diurno*, tal como lo cumplió Jesús, que realizó 'las obras de Aquel que le envió mientras fue día'" (Juan 9:4). Él recuerda al lector que Dios no suele publicar Sus horarios (salvo en contadas ocasiones) y que, por tanto, debe vivir por fe; y la fe dice: "Señor, tienes tu ojo puesto en mi horario y tu mano puesta en mí." [31]

El salmista nos recuerda que Dios ha ordenado el número de nuestros días antes incluso de que vivamos uno de ellos en esta tierra (139:16) y que simplemente debemos vivir un día cada vez (Mateo 6:34), procurando hacer la voluntad de Dios y procurando contentarnos con la aventura. Cualquier aventura tiene sus luchas, como la vida misma. Cuando "damos cuerda al reloj" en la mediana edad, esperamos con impaciencia los días que Dios nos dará en los que nos liberaremos del trabajo y de otras cosas que normalmente ocupan nuestro tiempo, para poder emplear nuestro tiempo para Él.

> **Cada día debemos dar cuerda al reloj, porque sabemos que un día sonará la alarma y será la llamada de Dios para que crucemos de nuestra experiencia vital, llena de aventuras, a la vida eterna, que será la mayor aventura de todas.**

Cada día debemos dar cuerda al reloj, porque sabemos que un día sonará la alarma y será la llamada de Dios para que crucemos de nuestra experiencia vital, llena de aventuras, a la vida eterna, que será la mayor aventura de todas. Si hemos sido salvados de la ira de Dios, la aventura estará llena de alegría ("en Tu presencia hay plenitud de gozo", Salmo 16:11); y si no, llena de la ira de Dios ("y el que no cree al Hijo... la ira de Dios permanece sobre él" Juan 3:36).

AVANZANDO EN LA AVENTURA

¿Cómo seguimos creciendo en nuestra espiritualidad a medida que avanzamos en esta aventura de la vida para cumplir el propósito de Dios? Es un proceso que puede comenzar a cualquier edad. Si durante nuestra juventud y mediana edad pudiéramos inculcar el concepto de cómo podríamos crear una época significativa en nuestra vejez, tendríamos más probabilidades de lograrlo. Es de vital importancia que la Palabra de Dios se convierta en parte integrante de nuestras vidas en los primeros años. Cuando esas palabras estén escritas en nuestros corazones y se conviertan en la base de cada actividad y decisión de la vida, como adultos mayores tendremos una fe más fuerte para seguir adelante en esta aventura. Juan 15:10-11 dice: "Si guardáis mis mandamientos, permaneceréis en mi amor; como yo he guardado los mandamientos de mi Padre, y permanezco en su amor. Estas cosas os he hablado para que mi gozo permanezca en vosotros y vuestro gozo sea pleno". Conocemos la realidad de la vida abundante cuando nuestra fe se basa en la Palabra de Dios.

La larga vida es un don que Dios nos concede, y está documentado así: "Con larga vida le saciaré, y le mostraré Mi salvación" (Salmo 91:16). Según Su plan, el promedio de vida es de setenta años (Salmo 90:10). En los años de vejez, Dios promete: " Y hasta la vejez yo mismo, y hasta las canas os soportaré yo; yo hice, yo llevaré, yo soportaré y guardaré." (Isaías 46:4).

PROMESAS CONDICIONALES Y CONTINGENTES

Tenemos que hacer algo más que desear y querer tener una relación con Jesús: tenemos que levantarnos de nuestras cómodas sillas y hacer realmente algo. Las promesas están condicionadas a una relación personal con Dios a través de Jesucristo. Están supeditadas a la fe, y "la fe viene por el oír, y el oír, por la palabra de Dios". La Palabra de Dios es "vida" para el creyente.

- Génesis 2:7 - "Y Jehová Dios formó al hombre del polvo de la tierra, y sopló en su nariz aliento de vida, y fue el hombre un alma viviente."
- Juan 6:63b - "Las palabras que yo os hablo son espíritu y son vida".
- 2 Timoteo 3:15 - "Toda la Escritura es inspirada por Dios...". La NVI traduce la palabra "inspiración" de este versículo con la palabra "inspirada por Dios". El concepto de que Dios inspiró toda (cada palabra de) la Escritura es la idea de que Dios produjo la Escritura en cierto modo como hizo con la creación.
- Salmo 33:6 - "Por la palabra de Yahveh fueron hechos los cielos, y todo el ejército de ellos por el aliento de su boca".

El mismo Dios que insufló aliento al hombre para que se convirtiera en un alma viviente es el mismo Dios que insufló revelación al hombre por medio de la Escritura. La revelación es el acto de Dios por el que imparte información, que no podríamos conocer de otro modo. Es información que trata principalmente de la Persona, la obra y el plan de Dios. En 2 Pedro 1:3 y 4 leemos: "Como su divino poder nos ha dado todas las cosas que pertenecen a la vida y a la piedad, mediante el conocimiento de Aquel que nos llamó por la gloria y la virtud, por las cuales nos han sido dadas preciosas y grandísimas promesas, para que por ellas llegaseis a ser partícipes de la naturaleza divina. "

Mediante el poder de la obra del Espíritu Santo en el proceso de inspiración e iluminación, esas preciosas promesas (palabras) nutren el alma del creyente y le orientan en todos los

> **Aunque los hombres transmitieron las palabras, debemos recordar que no fueron los hombres los inspirados, sino las palabras.**

asuntos relacionados con la vida y con nuestra relación con Dios. Aunque los hombres transmitieron las palabras, debemos recordar que no fueron los hombres los inspirados, sino las palabras. Mediante la inspiración, Dios dijo a los hombres lo que quería relatar y esos hombres lo escribieron. El Espíritu Santo guió a esos hombres de tal manera que permitió que cada escritor escribiera esas palabras según su propio estilo único y también les guió para que esas palabras se escribieran sin error. 2 Pedro 1:21 afirma: "Porque nunca la profecía fue traída por voluntad humana, sino que los santos hombres de Dios hablaron movidos por el Espíritu Santo".

Un autor lo explicó de este modo "Igual que cuando uno exhala su aliento, ese aliento procede de lo más íntimo de su ser, así, en última instancia, toda la Escritura debe considerarse como el producto mismo de Dios. Dios y sus palabras son inseparables, lo cual es una de las razones por las que a menudo se hace referencia a la Biblia como la Palabra de Dios". [32] Parece tener sentido que "el alma viva"-insuflada por Dios sólo pueda nutrirse de "las palabras vivas de Dios"; es decir, de las Escrituras. Sólo podemos obtener comprensión (iluminación) cuando establecemos una relación con Dios con "la Palabra Viva": Jesucristo.

Sólo cuando establecemos una relación con Dios a través de la Palabra revelada y Viviente de Dios, tenemos la seguridad de cruzar el *Puente de la Significación Eterna*, de la Experiencia Vital a la Vida Eterna. Ésta es nuestra única conexión segura con Dios y el Cielo. Si una persona llega a la segunda mitad de la vida y aún no se ha reconectado con su Padre celestial, no tiene ninguna seguridad. de pasar de la experiencia de la vida a la eternidad con Dios. Esto sólo ocurre si nos reconectamos con Dios.

El pecado que estropeó esa imagen y rompió la conexión de la humanidad con Dios tiene una solución sencilla; y es simplemente estar reconectado a través de la persona de Su Hijo, Jesucristo. En ese momento, la persona tiene la seguridad de cruzar ese Puente de Significado Eterno, segura en Dios y en la vida eterna en su presencia eterna. La Iglesia de Jesucristo tiene que ayudar a todas las personas a encontrar el medio de reconectarse. ¡Es la única manera de *acabar bien!*

LA TEOLOGÍA DE ESTAS COSAS

Para acabar bien, debemos centrarnos en lo que es importante en nuestra relación con el Señor y considerar la posibilidad de dejar un legado que sea un estímulo para los demás. [33] (la nota a pie de página tiene un espacio de más. El Pedro anciano reflexiona sobre esto en su carta del Nuevo Testamento. En su juventud era audaz e impetuoso, pero en sus últimos años parece haberse suavizado y haberse vuelto bastante pastoral. Al mismo tiempo, parecía echar un vistazo a sus prioridades y arrojarlo todo a un embudo, permitiendo que todo menos un pensamiento bajara por el estrecho cuello como lo más importante al final de su vida. Es su legado el que se expresa en lo que yo llamaría su "teología de *estas cosas*", que se encuentra en 2 Pedro 1:5 - 15:

"Pero también por esto mismo, poniendo toda diligencia, añadid a vuestra fe virtud, a la virtud conocimiento, al conocimiento dominio propio, al dominio propio perseverancia, a la perseverancia piedad, a la piedad bondad fraterna, y a la bondad fraterna amor. Porque si *estas cosas* son vuestras y abundan, no seréis estériles ni infructuosos en el conocimiento de nuestro Señor Jesucristo. Porque el que carece de *estas cosas* es miope, hasta la ceguera, y ha olvidado que fue purificado de sus antiguos pecados. Por tanto, hermanos, sed aún más diligentes en hacer firme vuestra vocación y elección, pues si hacéis **estas cosas** nunca tropezaréis, ya que así se os proporcionará abundantemente la entrada en el reino eterno de nuestro Señor y Salvador Jesucristo. Por eso no me descuidaré de recordaros siempre **estas cosas**, aunque sepáis y estéis establecidos en la verdad presente. Sí, creo que es justo, mientras permanezca en esta tienda, incitaros a recordároslo, sabiendo que dentro de poco tendré que desprenderme de mi tienda, tal como me indicó nuestro Señor Jesucristo. Además, procuraré que siempre *tengáis un recordatorio* de **estas cosas** después de mi muerte". (El énfasis es mío.)

"Estas cosas" se refieren a las ocho cualidades de carácter que yo llamo "Los Pasos de Pedro para una Vida con Propósito". (El primer paso, y el más importante, es la fe: fe en Dios a través de Jesucristo y una vida cotidiana vivida por la fe. Luego, añadidos a la fe están los pasos para una vida con propósito, con el resultado: "para que se os conceda abundantemente la entrada en el reino eterno de nuestro Señor y Salvador Jesucristo" (versículo 11).

"LOS PASOS DE PEDRO HACIA UNA VIDA CON PROPÓSITO"

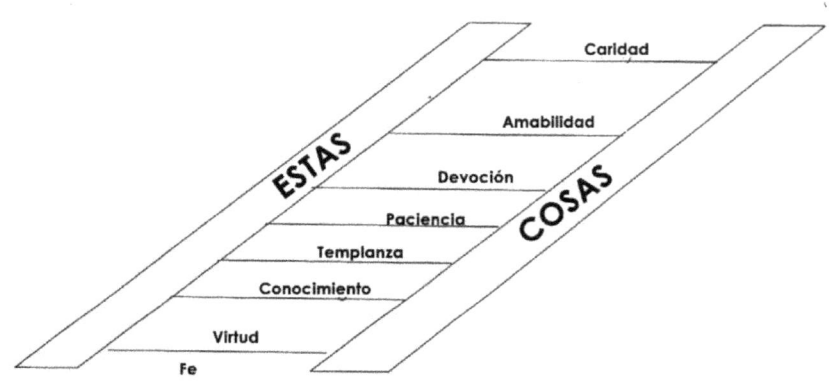

"Entrada Abundante a la Gloria"

"LA TEOLOGÍA DE ESTAS COSAS"

Grady R. Henley, en una lección de escuela dominical titulada Ministrar mucho después de morir, dice: "Es interesante que en 2 Reyes 13:14 volvamos a encontrar la mención de Eliseo por primera vez en cuarenta y tres años. Tiene ochenta años y se está muriendo de alguna enfermedad persistente. Esto parece significativo por dos razones. En primer lugar, su mentor Elías fue llevado al cielo por un torbellino y no se enfrentó a la muerte. La segunda razón es que Eliseo, en su ministerio terrenal, tenía la capacidad de resucitar a los muertos y curar a otros de sus enfermedades; sin embargo, aquí se enfrenta a su propia muerte. No hay ni torbellino ni curación en su futuro, sólo muerte. ¿Le faltaba fe o había pecado en su vida? No. Simplemente significa que Dios tenía un plan diferente para Eliseo.

La última referencia a Eliseo fue en los sucesos de 2 Reyes 9:1, que preceden a este pasaje en cuarenta y tres años. ¿Qué estuvo haciendo Eliseo todos esos años? No lo sabemos. Pero hay algo que sí muy notable sobre él, y es ésta: conservó el título de "el hombre de Dios", lo que significa que debió de permanecer fiel en su servicio a Dios. No hay constancia de milagros ni de nada espectacular. Debe de significar que se limitaba a prestar un servicio fiel y rutinario, día tras día, ocupándose de las cosas de Dios. La mayor parte de la espiritualidad es esta fidelidad cotidiana más bien mundana. Es este servicio fiel cotidiano y constante el que deja el mayor testimonio de nuestras vidas, no los milagros ocasionales que llaman la atención de la gente." [34]

Cada persona dejará un legado, o un *mensaje de vida* que perdurará mucho después de que se haya ido. En la elaboración de un *mensaje de vida*, cada capítulo debe describir una relación más intensa y estrecha con el Autor de nuestras vidas. Los adultos mayores están escribiendo los capítulos finales de su mensaje de vida y la pregunta es: ¿cómo acabará el libro? Sobre la vida de Job leemos en Job 8:7: "Aunque tu principio fue pequeño, tu postrer fin crecería en abundancia" y en el capítulo 42:12a: "Así bendijo el Señor el postrer fin de Job más que su principio". Si la vida ha sido gratificante hasta ahora, una persona sólo puede esperar una recompensa mayor, a medida que sea fiel al Señor. Un creyente fiel espera la recompensa de estar en la presencia de Dios por toda la eternidad, lo que sin duda es mucho mejor que la vida terrenal.

Si una persona quiere dejar un recuerdo que honre y glorifique al Señor, debe planificarlo con un propósito. Cada persona debe orar deliberadamente, con la Palabra de Dios como guía. La Iglesia podría ayudar a las personas mayores en esta gran tarea. Una realización práctica de la teología del envejecimiento llamaría a las familias a cuidarse mutuamente y a las iglesias a ayudar en la enseñanza. He aquí algunos temas a considerar:

- *Cómo ser buenos abuelos*
- *Cómo honrar a los abuelos y tratarlos con respeto*
- *Cómo cuidar a los padres adultos*
- *Cómo aprender a apreciarse mutuamente a través de los ministerios intergeneracionales*
- *Cómo afrontar el reto de las misiones*
- *Cómo ayudar a los mayores a encontrar y utilizar sus dones espirituales*

El Dios de los envejecidos llama a la Iglesia a apoyar a quienes experimentan diversos tipos de transiciones en la vida familiar y a ayudarles a cuidar de sí mismos y a fomentar su crecimiento espiritual.

Como en el caso de David y Job, el deseo sería que la segunda mitad de la vida estuviera llena de propósito y condujera a una vida que acabara bien; una que hubiera servido al Señor con significado eterno. Según el libro de Job, debió de cumplir todo el propósito de Dios con la descripción de su muerte: "Job vivió otros 140 años, viviendo para ver a sus hijos y nietos -¡cuatro generaciones de ellos! Luego murió: un anciano, una vida plena" (Job 42:17, El Mensaje). Fíjate en el final de la vida de David, porque dice que había servido a su generación por voluntad de Dios; ¡su obra había terminado! "Porque David, después de haber servido a su generación por voluntad de Dios, se durmió, fue sepultado con sus padres..." (Hechos 13,36).

Permíteme terminar este capítulo con la historia de un hombre llamado Lou Forbes, de New Sweden, Maine. Lou era agricultor de patatas y se vio obligado a jubilarse anticipadamente debido a su mala salud. Millie, su esposa, continuó trabajando como enfermera en una escuela, pero utilizó su tiempo de vacaciones para acompañar a Lou en viajes misioneros de corta duración que los llevaron a Vietnam, Haití y otros lugares de EEUU. Conocí a Lou en un viaje misionero a Haití. Me enteré de que debería haber muerto cinco años antes de ese viaje porque tenía una enfermedad cardiaca muy grave. ¿Qué hacía viajando a tierras extranjeras para hacer misiones cuando estaba en tan mal estado? El médico le dijo: "¡Vete, pero ve a tu ritmo! No te excedas".

En noviembre de 2003, Lou y Millie estaban en Arkansas realizando un proyecto misionero a corto plazo: ayudar a construir un cobertizo. Uno de los días en que el grupo hizo una pausa para comer, celebraron el 70 cumpleaños de Lou, que casualmente era ese mismo día. Volvieron al trabajo y poco después Lou cayó muerto. Qué conmoción para su pobre esposa, pero aquí había un hombre que quería emplear sus días sirviendo al Señor, y así lo hizo hasta su último aliento. Sí, era un agricultor de patatas jubilado que amaba al Señor y fue fiel en ponerse a disposición de Dios, mientras Dios le dio vida. ¡*Terminando bien*! Vive con un propósito y prepárate para la muerte, como lo estuvo Lou, hasta el último aliento.

¿CUÁL ES EL TÍTULO DE TU HISTORIA?

¿Qué proclamará el título del libro que contiene el mensaje de tu vida? El libro de cada persona contendrá una historia diferente, pero el "hilo conductor" del libro de cada creyente debe mostrar una vida que sirvió fielmente a Dios. En el Nuevo Testamento, encontramos el "Salón de la Fe de Dios" en Hebreos 11. Contiene los ejemplos de aquellos cuyo mensaje de vida se registra como estímulo para otros a lo largo de los siglos. Están incluidos en esa "gran nube de testigos" del cielo que debería animarnos a *correr con entereza la carrera que tenemos por delante* hasta que Dios nos llame a cruzar ese *puente de significado eterno*. Espero oír estas palabras cuando cruce esa línea de meta "Bien, buen siervo y fiel... entra en el gozo de tu Señor". ¿Aquellos a los que dirijas se añadirán a la lista de "héroes de la fe"? [35]

El siguiente poema de Paul Gilbert pretende animar al lector a vivir la vida en fiel servicio, para que otros lean un mensaje de vida que les desafíe y anime a seguir adelante hacia la marca del alto llamamiento de Dios.

> *Escribes un evangelio en la vida,*
>
> *Un nuevo capítulo al amanecer,*
>
> *En obras tejidas, en palabras dichas,*
>
> *Cada día, un relato renacer.*

> *Los hombres leen tu crónica,*
>
> *Verdadera y fiel sin engaño,*
>
> *¿Cuál es tu evangelio, entonces,*
>
> *Que en tus actos hallan su rebaño?*

De la sobrecubierta del *cassette* Find Us Faithful de Steve Green están las siguientes palabras de introducción a la canción que da título al disco: [36]

Solicita a la fe que contemple a través del ojo de la cerradura de la promesa y te revele lo que aguarda para aquel que prevalezca. Pídele que escuche atentamente y te comunique si no puede percibir el resonar de los clamores de esos venerables santos, coronados con laureles, que reciben la recompensa por todos sus servicios y sacrificios aquí en la tierra. ¿Te mantendrás al margen, temeroso de sumergir tu pie en las aguas de esos sufrimientos y tentaciones que, como hilos de agua, fluyen entre tú y la gloria?[37]

A continuación, sigue la letra de esta gran canción que recuerda al cristiano mayor la llamada a la fidelidad, con un reto para que cada adulto mayor termine bien, dejando tras de sí un maravilloso "mensaje de vida" para que lo lean todos los que vengan detrás de él.

"Somos peregrinos en el viaje

del camino estrecho

Y los que nos han precedido se alinean en el camino

Animando a los fieles, alentando a los cansados

Sus vidas son un testimonio conmovedor de la gracia de Dios.

Rodeados de una gran nube de testigos

Corramos la carrera no sólo por el premio

sino como los que nos han precedido

Dejemos a los que vienen detrás

La herencia de la fidelidad transmitida a través de vidas piadosas.

Cuando todas nuestras esperanzas y sueños hayan ido y venido

Y nuestros hijos rebusquen en todo lo que hemos dejado atrás

Que las pistas que descubran y los recuerdos que desvelen

Se conviertan en la luz que les conduzca al camino que debemos encontrar.

Que todos los que vengan detrás nos encuentren fieles

Que el fuego de nuestra devoción ilumine su camino

Que las huellas que dejamos

Los lleven a creer

Y que las vidas que vivimos les inspiren a obedecer

Oh, que todos los que vengan tras nosotros nos encuentren fieles". [38]

REFLEXIONA Y CRECE

- *Si actualmente tienes más de cincuenta y cinco años, ¿qué tipo de aventura estás viviendo? (¡Sé creativo! ¿Es un viaje trepidante? ¿Una tórrida historia de novela romántica? ¿Un zoo del Doctor Doolittle? etc.) Si eres más joven, ¿qué tipo de aventura te gustaría vivir en el futuro?*

- *¿Cuáles son tus prioridades en la vida? ¿Cómo han cambiado en los últimos veinte años?*

- *Explica esta frase: acabar bien. Comparte algunos pasos que debes dar para alcanzar tu meta.*

- *¿Cómo puedes volver a conectar con Dios? ¡Da ejemplos concretos!*

Capítulo Seis

La Iglesia debe "llegar a la mayoría de edad"

Una tarde salía del centro de cuidados especializados y me disponía a irme a casa cuando vi a Jack en el vestíbulo; era un residente que había venido de mi ciudad natal. Le dije: "Buenas noches, Jack, ¡hasta mañana!". Se detuvo, me señaló con el dedo y me dijo: "¡No digas eso! Di más bien: ¡Si el Señor quiere, te veré mañana!". Gran parte de la Escritura habla del paso "rápido" de la vida. Santiago 4:13- 15 dice "Vamos, vosotros que decís: 'Hoy o mañana iremos a tal o cual ciudad, pasaremos allí un año, compraremos y venderemos, y obtendremos ganancias; mientras que vosotros no sabéis lo que pasará mañana. Pues ¿qué es vuestra vida? Es como un vapor que aparece durante un tiempo y luego se desvanece. En cambio, debéis decir: 'Si el Señor quiere, viviremos y haremos esto o aquello'".

El salmista escribe: "Señor, hazme conocer mi fin, Y cuál es la medida de mis días, para *que* sepa cuán frágil *soy.* Ciertamente, Tú has hecho mis días *como* anchuras de mano, y mi edad es nada ante Ti; ciertamente todo hombre en su mejor estado no es más que vapor. *Selah* Ciertamente todo hombre anda como sombra; Ciertamente en vano se afana; Amontona *riquezas*, y no sabe quién las recoja" (Salmo 39:4-6).

He aquí otra llamada a vivir cada día con propósito, pues ninguno de nosotros sabe cuánto tiempo nos queda en esta tierra. La edad no es nada para Dios. Mientras tengamos vida, debemos vivir para la gloria de Dios, sirviéndole y en paz con Él, de modo que cuando llegue nuestro último día, estemos preparados para cruzar el *puente del significado eterno*, camino del cielo. Lamentaciones 3:22 nos recuerda: "Es por las misericordias del Señor que no somos consumidos". Esto dice que sólo por la misericordia de Dios estamos vivos. La vida y el aliento no se merecen; cada día que Dios nos da es precioso y un regalo suyo. Si eso es cierto, entonces la vida del hombre debe vivirse como un regalo para Él; "aplicando nuestro corazón a la sabiduría" (Salmo 90:10) y "redimiendo el tiempo" (Efesios 5:15-16).

¿Cómo debemos vivir entonces? Dios dice: "Porque lo he creado para mi gloria" (Isaías 43:7). Mientras tengamos vida estamos llamados a glorificar a Dios. ¿Qué significa eso exactamente? En Efesios 1:12, Pablo escribe: "Debemos ser para alabanza de su gloria".

El coronel Rick Husband y otros seis astronautas murieron el 1 de febrero de 2003 cuando el transbordador espacial Columbia se partió minutos después de su lanzamiento previsto en Florida. El artista de grabación cristiano Steve Green conoció a Husband en un concierto unos años antes, tras lo cual se hicieron amigos. En una entrevista con la CNN, Green dijo: "Rick era un hombre de fe. Vivía con la esperanza cristiana de un lugar mejor, un lugar llamado cielo. Pero también sentía un gran afecto por este lugar, por este mundo. Y ése era su afán, pasar su vida marcando la diferencia".[39]

¿Qué puede hacer una persona para marcar la diferencia al llegar a la segunda mitad de la vida? La Iglesia tiene que desafiar a los baby boomers a que empiecen a pensar en lo que *harán cuando sean mayores*, cuando empiecen a disponer de más tiempo y fondos discrecionales. Steve Sloan, editor de *The Magazine* de la AARP, y Ken Dychtwald, presidente y director general de Age Wave, una compañía consultora de San Francisco especializada en marketing para consumidores de edad avanzada, son citados en *The New York Times* en relación con el reto de conseguir que personas de esta generación egoísta se ofrezcan voluntarias.

Sloan afirma: "La suposición de que estarán dispuestos a abrir sus vidas después de retirarse al voluntariado puede no ser cierta, porque las personas que lo hacen encuentran tiempo para ello cuando están trabajando. Pero pedir a la gente que se ofrezca voluntaria en cualquier momento es una buena idea".

Dychtwald dice: "incluso si hasta la mitad de los baby boomers que se jubilan deciden que éste es mi tiempo y que no me importa nadie más, aún quedarían decenas de millones de boomers que decidirán que eso es enormemente insatisfactorio y que no se sentirían útiles si no dedicaran porciones significativas de su tiempo a retribuir. Un factor que podría hacer que estuvieran dispuestos a considerar el voluntariado es que serán golpeados por liberaciones dobles, igualmente potentes, que les dejarán tiempo libre no sólo durante años, sino durante décadas: una liberación del trabajo a tiempo completo y una liberación de la paternidad." [40] A medida que estos boomers empiecen a liberarse como "personas con el vientre vacío" y obtengan más tiempo y fondos discrecionales, podrán empezar a marcar la diferencia en su iglesia, comunidad y mundo. No todos estarán interesados en los viajes misioneros de corta duración, pero a los que sí lo están les brinda la oportunidad de viajar a un país extranjero, así como una experiencia con propósito de utilizar sus dones y capacidades para un significado eterno.

The Finisher's Project, ahora MissionNext, es un gran recurso para ayudar a los boomers a encontrar y utilizar sus dones espirituales y naturales en tareas misioneras. Antes he mencionado esta agencia sin dar explicaciones. Se trata de una agencia misionera fundada por un visionario llamado Nelson Malwitz. El ministerio lleva a cabo los Foros Finisher, descritos por Nelson como una "Urbana para Boomers" en diferentes lugares de todo el país. En esas reuniones tratan de interesar y desafiar a quienes se encuentran en la segunda mitad de la vida para que consideren las misiones a corto plazo, o quizá un cambio de carrera hacia una experiencia misionera a tiempo completo. Disponen de un departamento de reclutamiento en el que ponen en relación los dones y capacidades de quienes envían un formulario por ordenador con las necesidades de las organizaciones que envían misiones. En marzo de 1998, el Finishers Project publicó una encuesta a 600 personas de la generación estadounidense del baby boom (de 42 a 55 años) que informaba sobre la forma de pensar de este grupo de edad respecto a la jubilación, su momento y sus actividades. Al principio de la encuesta se hizo una pregunta: "¿Dentro de cuántos años antes piensas jubilarte?". La media fue de trece años. Después de que se formularan preguntas sobre el ministerio y las misiones, la respuesta a la pregunta "¿Dentro de cuantos años *puedes* jubilarse?" se redujo a seis años".[41] Si se les desafía adecuadamente y se les forma, quizá haya un buen número de boomers dispuestos a aceptar el reto de las misiones, a corto plazo o profesionales. Qué maravilla: ayudar a esos adultos de más de cincuenta años a provechar los éxitos y las lecciones aprendidas en la primera mitad de la vida y convertirlos en trascendencia en la segunda mitad.

DIVULGACIÓN E IDEAS INTERESANTES PARA LOS BOOMERS

El acercamiento a los Boomers, que son amigos de los miembros o asistentes de la iglesia, puede lograrse mediante actividades bien planificadas, no amenazadoras y de primera clase. Una sugerencia que surgió en una conferencia de formación para ministerios de adultos mayores fue planificar una cena crucero en un puerto del océano, o en un lago, con una banda de jazz *gospel* poniendo música. La aportación espiritual de la velada consistiría en una sencilla oración para la cena, un breve devocional o testimonio y una oración final. La idea sería mantener la velada en "clave baja" espiritualmente, y entablar relaciones que abrieran más oportunidades de compartir a Cristo en el futuro. Otras áreas de interés en las que la iglesia podría servir de recurso para los boomers son: el cuidado de los padres adultos mayores, la planificación financiera para la jubilación, las preocupaciones médicas, las opciones de vivienda, responder a las *preguntas*: *¿Qué puedo hacer ahora que he crecido?* o *¿Cómo puedo desarrollar experiencias significativas para servir al Señor?*

Cuando las personas alcanzan la segunda mitad de la vida, se las puede clasificar de muchas maneras. Algunos se han referido al joven-viejo (50-65 años), al medio-viejo (66-80 años) y al viejo-viejo (80+ años). Otra forma de verlo es en Etapas de la Vida describiendo con los mismos tramos de edad como: Mitad de la vida, Vida de jubilado y Vida de anciano. Una descripción desenfadada podría ser los "go-go's, los slow-go's y los no-go's". He encontrado otros términos utilizados para describir el envejecimiento como creativo, productivo, transformado, consciente y/o exitoso. En los próximos años, el envejecimiento seguirá siendo redefinido por los sociólogos, los investigadores y la demografía. La iglesia tendrá que programar y llegar a ellos con programas y grupos especializados e intencionados. Probablemente sería sensato que los seminarios evangélicos incluyeran algunos cursos para comprender y satisfacer las necesidades de los adultos en la segunda mitad de la vida.

Cuando una persona "crece" hacia esos años de adulto mayor, ¿hay todavía vida en la Iglesia? La pregunta que formulé en un artículo que escribí hace años sigue siendo pertinente: ¿Dónde está la Iglesia cuando los cabellos se vuelven grises?[42] Otro artículo, "¿Demasiado viejo? Nunca!" [43] escrito unos años más tarde, destacaba las sorprendentes oportunidades de ministerio que realizaban los residentes de la comunidad de jubilados en la que serví como capellán. Mientras una persona tenga vida, está llamada a glorificar a Dios y a servirle.

CAMPAMENTO DE LOS ABUELOS

Permítanme repasar algunos de los ministerios interesantes y creativos en los que participaban los residentes de la comunidad de jubilados a la que serví. Dos de los residentes hicieron de abuela y abuelo de campamento en un campamento de la denominación un verano. Sus responsabilidades eran pocas, pero importantes. Debían estar allí, estar disponibles, ser amigos de los campistas menores; muchos de ellos estaban lejos de casa por primera vez.

ABUELOS A LOS QUE ACUDIR

Otro verano, los residentes se asociaron con la Child Evangelism Fellowship de Connecticut para organizar un club de cinco días para los niños del vecindario desde la guardería hasta el sexto curso. Los niños sabían que podían acudir a estas personas para hacer preguntas, pedir abrazos, etc. Ayudaron con manualidades, hornearon galletas, repartieron invitaciones por el barrio, pasaron lista, participaron en las reuniones diarias y se implicaron en la comprobación de los estudios de seguimiento. Algunos no podían hacer mucho, pero eran compañeros de oración. La mayor alegría fue saber que tres niños depositaron su confianza en Cristo.

MÁS QUE UN ESTUDIO BÍBLICO ES EL ESTUDIO DEL CORAZÓN

Una joven mantiene su amistad con mi hija y prosigue en su sendero espiritual gracias a la iniciativa de un grupo de ancianos residentes en un hogar para personas mayores que decidieron llevar el mensaje de Cristo a su comunidad. Esta no fue la primera vez que presencié tal acto de fe. Cuando ingresé por primera vez a Elim Park, un conjunto de mujeres lideraba un estudio bíblico en el porche de una de las viviendas. Cuatro adolescentes del vecindario acudían semanalmente para participar en el estudio bíblico, realizar manualidades y disfrutar de refrescos preparados con cariño por las residentes. Lo notable no solo radicaba en la enseñanza bíblica, sino en la manera en que estas mujeres compartían abiertamente sus corazones con las jóvenes. Una vez más, una de esas adolescentes abrazó la fe, y hoy en día continúa su andar espiritual, casada con un pastor.

Si tienes una residencia de ancianos en tu comunidad, o adultos mayores activos en tu iglesia, ¿qué formas creativas puedes utilizar para llegar a los jóvenes? ¿Quizá alguno podría servir de abuelo o abuela para la escuela dominical, la escuela bíblica de vacaciones o los clubes de chicos y chicas? Dos de nuestros residentes de ochenta y noventa años solían ir a una iglesia cercana, todas las semanas, a escuchar a los miembros del Club de Pioneros recitar su trabajo de memoria. A otro residente que se mudó de nuestra comunidad de jubilados le gustaba que le llamaran "abuelo Russ", pues visitaba la guardería de su iglesia dos o tres veces por semana y compartía con los niños algunas de sus historias y experiencias vitales. Algunos de esos niños no tenían abuelos que vivieran cerca y adoptaron a este hombre para que ocupara ese puesto.

Si tienes una guardería o una escuela dominical, podrías iniciar un programa secreto de compañeros de oración entre las generaciones, o hacer que algunos de los adultos mayores lean a los niños. Una iglesia que visité utiliza a los jubilados para que sirvan en el "equipo de reparación" (Ayudantes de Nehemías) un día a la semana para realizar esas pequeñas reparaciones (y también algunas importantes) que el equipo de mantenimiento habitual tiene en una lista continua de "cosas por hacer".

He aquí algunas formas estupendas en que los mayores pueden participar en la iglesia. Todas ellas proceden de situaciones reales o han sido sugeridas por el autor.

- *Un hombre acudió a su pastor la semana siguiente a su jubilación y le dijo: "Pastor, ya estoy jubilado. Dedicaré un día a la semana a hacer lo que quieras que haga". Ayudó en las visitas y en otras tareas que fueron útiles para ese pastor.*

- Otro hombre que estaba jubilado como ejecutivo de una gran compañía se convirtió en "administrador de la iglesia" un día a la semana.

- Hace unos años, una pareja de setenta años que se había jubilado unos años antes, acudió a su pastor y el marido le dijo: "Yo era ejecutivo de una compañía y tengo formación financiera, y mi mujer era secretaria. ¿Qué podemos hacer por la iglesia?". Había necesidad de ayuda de secretaría en la oficina de la iglesia, que la esposa cubría a tiempo parcial, y ambos participaron en la sesión de asesoramiento prematrimonial del pastor sobre presupuestos.

- Tal vez visitar a las personas aisladas y grabar sus testimonios sobre la fidelidad de Dios a lo largo de los años, o sobre cómo llegaron a confiar en Jesucristo como Salvador, sería una bendición para el cuerpo de la iglesia. El mensaje grabado podría compartirse luego en una clase de escuela dominical o en un servicio de la iglesia, y seguir manteniendo a la persona "conectada".

- La persona podría incluso compartir algunas peticiones de oración por las que la iglesia podría rezar.

- Las personas mayores son estupendas para saludar los domingos, para dar confirmación por teléfono todos los días, para enviar tarjetas de felicitación o para hacer recados a quienes lo necesiten.

- Una anciana se encargó de enviar un boletín a todos los asistentes y miembros habituales que estaban ausentes un domingo determinado. Lo hizo el domingo por la tarde, para que el martes estuviera en el buzón de los que faltaron al servicio.

- *En algunas iglesias, los adultos mayores guardan los estantes de los tratados, los estantes de los bancos u otros estantes de publicaciones u otras publicaciones.*

- *Otra iglesia celebra un almuerzo mensual de divulgación para los mayores de su iglesia. Se anima a los miembros de la iglesia a que inviten a amigos de la comunidad, y cada mes reciben entre setenta y ochenta ancianos; aproximadamente dos tercios de ellos son de fuera de la iglesia.*

Hay muchas formas de que los jubilados sigan activos en el ministerio. ¿Qué puedes añadir a esta lista?

CAER POR LAS RENDIJAS ES DOLOROSO

No dejes que se vuelvan *espiritualmente seniles*, permitiéndoles que simplemente vivan o recuerden sólo el pasado. Solía recibir un boletín para los mayores de una iglesia de Minnesota y mi columna favorita se llamaba *The Stewardship Report*, donde se enumeraban los compromisos de tiempo y los trabajos ministeriales realizados por los mayores de la iglesia. Era un bonito recordatorio de que siguen siendo útiles y valorados en el ministerio total de una iglesia local. Permíteme relatar una historia que escuché en un seminario hace unos años. Ilustra cómo incluso un miembro confinado en casa podía ser valorado y participar en el servicio a la iglesia local y al liderazgo aunque no pudiera asistir a la iglesia con regularidad.

> No dejes que se vuelvan espiritualmente seniles, permitiéndoles que simplemente vivan o recuerden sólo el pasado.

El pastor visitó la casa de una mujer que llevaba tiempo sin poder asistir a la iglesia. Indicó que desearía poder seguir ayudando de alguna manera. El pastor dijo que tenía un correo que quería enviar a los miembros y que le vendría bien ayuda para rellenar los sobres. Ella dijo que le encantaría ayudar en ese proyecto, pero que no podría hacerlo tan rápido como él quería. Él dijo que sería de gran ayuda por mucho que tardara y le llevó el envío al día siguiente. Pasaron varios días y no supo nada de ella, así que llamó por teléfono y ella le dijo que le quedaban unos cuantos por hacer, por si quería recogerlos más tarde.

Cuando llegó, ella aún estaba terminando el último par de cartas, y él vio cómo las doblaba lentamente y, con cierta dificultad, las metía en los sobres. Ella dijo: "¡Ahora ves por qué he tardado tanto!". Y luego procedió a contarle a su pastor que no sólo tuvo alguna dificultad para meter cada carta en el sobre, sino que, además, cuando el sobre estaba completo, ella sostenía cada carta ante el Señor y rezaba específicamente por la persona o la familia. Esta noche, el pastor tenía una reunión del comité de diáconos y compartió con los hombres que había aprendido ese día la fuente de cualquier éxito que tuviera la iglesia. Les dijo que se había enterado de que había una *fuente de oración* que impulsaba el crecimiento de la iglesia y el cambio en la vida de las personas.

¡La iglesia está envejeciendo y debe alcanzar la mayoría de edad! ¿Tu iglesia y tu actitud son hospitalarias con los mayores de tu iglesia? ¿Realmente quieres que participen? ¿Te interesa ayudarles a *terminar bien*?

> **Puede que se nos considere "chatarra" en nuestro estado pecaminoso, pero a Dios le encanta coger nuestra chatarra y darle Su valor; con la edad nos parecemos más a una antigüedad de gran valor.**

Hace poco estaba en un restaurante cuando un cartel en la pared llamó mi atención. Decía: "Compramos chatarra y vendemos antigüedades. Puede que se nos considere "chatarra" en nuestro estado pecaminoso, pero a Dios le encanta coger nuestra chatarra y darle Su valor; con la edad nos parecemos más a una antigüedad de gran valor.

Sabemos que la edad sólo aumenta el valor de una antigüedad. Dios, el propietario/diseñador de este tesoro, envió a su Hijo para redimir esta preciosa posesión creada. Al devolverla a la tienda de antigüedades(el cielo), el Dueño de este tesoro tan preciado se alegra de tener en Su presencia lo que tiene valor *eterno*.

Recordemos que el tesoro humano, que fue hecho a imagen de Dios, ha tenido valor todo el tiempo. Isaías 43:1, describe al Redentor de Israel como conocedor de cada pieza y de su paradero a lo largo del camino de la vida. "Pero ahora, así dice Yahveh, que te creó... Y Aquel que te formó: 'No temas, porque te he redimido; te he llamado por tu nombre; eres Mío'". Cuando una antigüedad envejece y se reconoce su valor, se convierte en un tesoro. Debe cuidarse y protegerse con esmero, porque tiene una historia que se comparte con la familia y los amigos. El Diseñador/Creador quiere participar en la vida de ese tesoro, según Isaías 46:4, que dice: "¡Hasta tu vejez yo soy, y hasta las canas te llevaré! Yo he hecho, y yo llevaré; Hasta yo te llevaré, y yo te libraré". El designio de Dios parece ser que la familia eclesiástica y la familia biológica asuman la responsabilidad de cumplir ese versículo. Nuestros mayores son un tesoro, creados para ser respetados, y siempre vinculados a la comunidad creyente y a la familia con la que Dios eligió colocarlos.

A Ethel Waters, actriz y famosa cantante de las cruzadas de Billy Graham, se la oía decir a menudo: "Sé que soy alguien: porque Dios no hace basura". [44] Nacida como consecuencia de la violación de su madre a los doce años y criada en la pobreza, pudo dar testimonio, tras su nuevo nacimiento en Jesús, de que, independientemente de la situación, ¡Dios nunca hace basura! Y parece que terminó la carrera habiendo servido al Señor y llevando una bendición a muchos que escucharon su testimonio y su canción.

Para ti, apreciado lector, ya seas seminarista, pastor de iglesia, consejero, profesor, líder comunitario, miembro de la familia o cualquier individuo que Dios haya guiado a explorar las páginas de este libro, mi deseo es que puedas ser un instrumento de bendición en las vidas de las personas mayores que el Todopoderoso ha confiado a tu cuidado. ¡Contribuye a que culminen sus días de manera significativa! Aspira a que su final sea equiparable a un tesoro valioso, en lugar de ser relegados al olvido como un desecho abandonado en la acera, a la espera de la próxima recolección. Que cada acción que emprendas con respecto a los desafíos presentes en estas páginas refleje y magnifique la gloria de Dios.

REFLEXIONA Y CRECE

- *¿Cómo podemos pasar de pensar en los mayores como basura a pensar en ellos como tesoros?*

- *¿De qué manera puedes bendecir hoy a una persona mayor?*

- *Si eres mayor, ¿cómo puedes ser una bendición en tu familia, iglesia y comunidad?*

Referencias

1. Un ministerio de Converge Worldwide (alias: la Conferencia General Bautista) www.convergeww.org : y de Converge Northeast (alias: Conferencia Bautista del Noreste) www.convergenortheast.org.

2. Glenn B. Havumaki, "A Hidden People in Plain View," Posted: 3/29/11 online at: www.convergeworldwide.org/ news/hidden-people-plain-view

3. From Meet Yourself in the Psalms by Warren Wiersbe, Copyright ©1983 quoted online: http:// w w w.2 p r op h e t u .c o m /t e m p l a t e s /! p r i n t/ d e t a il s . asp?id=35585&PG=resources&CID=17783

4. Charles G. Oakes, Working the Gray Zone (Franklin, TN, Providence House Publishers, 2000), 15.

5. Michael Vitez, "A Generation Takes Up Autobiography," Reprinted by permission from The Philadelphia Inquirer, February 20, 2000 in Agenda, Number 92 (July, 2000), pp.

6. Paul Lee Tan. Encyclopedia of 7,700 Illustrations: Signs of the Times (Rockville, MD: Assurance Publishers, 1979), 772-773: #'s 3264 – 3269 and 3271.

7. Working in the Gray Zone, p. 46.

8. En el Antiguo Testamento, las viudas debían ser atendidas por los levitas con los diezmos que el pueblo daba para sostener al sacerdocio: "Y el levita, porque no tiene parte ni heredad contigo, y el extranjero y el huérfano y las viudas que están dentro de tus puertas, pueden venir y comer y saciarse, para que Yahveh, tu Dios, te bendiga en toda la obra de tus manos que hagas" (Deuteronomio 14:29). Una vez más, el cuidado de las viudas refleja nuestra relación con Dios y trae la bendición de Dios sobre sus siervos.

9. Working in the Gray Zone. pp. 7-8.

10. Thorson, James A. and Thomas C. Cook, ed., Spiritual Well-Being of the Elderly (Springfield, IL: Charles C. Thomas Publishers) 1980, pp. 38-50.

11. The Value of Age, Don Norbie, Milk and Honey, November, 1992: A non-profit ministry of Spread the Word, Inc., 2721 Oberlin Drive, York, PA. 17404.

12. "Older Christians are Leaving Churches" by Wayne J. Edwards, Pulpit Helps, March, 2006. The article was adapted from the book, Raising the Standard, by Wayne J. Edwards.

13. De un documento de David C. Davis, Un ministerio pastoral para las personas mayores. Mi párroco me entregó un ejemplar de este documento.

14. En un artículo titulado " Grief and Loss in the Aging Process" (Duelo y pérdida en el proceso de envejecimiento) de Timothy J. Wildman, D. Min., elaborado para el Gerontology Forum (Boston 1983), se hace referencia a un artículo Loss, Depletion and Restitution (Pérdida, agotamiento y restitución) del libro Geriatric Psychology (International Universities Press 1962).

15. Nona Smith, 1978. Nona era estudiante universitaria en el Barrington College, Barrington, RI, y que yo sepa nunca registró los derechos de autor ni grabó su canción. La recibí del profesor de gerontología de la época.

16. James J. Farrell. "Botox" in the Clergy Journal Volume LXXXI, Number 2, November/December, 2004.

17. "The Future Is Now" in the Record-Journal, Meriden, CT., Wednesday, January 17, 2007, p. 5.

18. Charles Arn, White Unto Harvest Monrovia, CA: Institute for American Church Growth, 2003, p. 18.

19. David C. Baker, "Spiritual Care for the New Millenium," *Provider*, January, 2000, p. 51.

20. Bob Buford, Halftime (Grand Rapids: Zondervan Publishing House, 1994), p. 15.

21. Vision New England 50+ Age Wave Conference in Lexington, MA, April 2002.

22. Paul Tournier, The Adventure of Living, San Francisco: HarperCollins , June 1979), pp. 236ff.

23. Dr. Henry M. Morris, World Publishing, Inc, Grand Rapids, 1995, p. 1032.

24. "The Soul-making Years," AGEnda, Number 97, October 2001.

25. (Salmo 107:35 RV) "Convierte el desierto en aguas estancadas, y la tierra seca en manantiales... Siembra los campos y planta viñas que den frutos de crecimiento".

26. W. Glyn Evans, Daily with the King, Chicago: Moody Bible Institute, 1979, January 25, p. 25.

27. Ibid, 1318.

28. Ibid, 228.

29. Ibid, 22.

30. Ibid, 231.

31. Ibid, 24

32. John R. Cross. The Stranger on the Road to Emmaus, 3rd Edition. (Canada: Goodseed International, 1997), p. 10.

33. Considera la posibilidad de escribir una carta de legado: www.legacyletter.org

34. Lecciones de Escuela Dominical producidas por Grady R. Henley y puestas a disposición por correo electrónico, periódicamente, a quienes figuran en su lista de correo. Esta en concreto se recibió el 12 de noviembre de 2000.

35. Hebreos 12:1 y Mateo 25:21.

36. Copyright © 1987 Birdwing Music (ASCAP) (adm. at EMICMGPublishing.com)/Jonathan Mark Music (ASCAP). All rights reserved. Used by permission.

37. William Gurnall, "The Christian in Complete Armor," published by Banner of Truth.

38. Find Us Faithful. Words and Music by Jon Mohr. Copyright © 1987 Jonathan Mark Music, Birdwing Music. All rights reserved. Used by permission.

39. Kirsten Burke, "A Triumph in Tragedy," Power for Living (Volume 63, Number 2), 3.

40. Stuart Elliot, "Persuading Retiring Baby Boomers to Volunteer," The New York Times, January 6, 2005. http://www.agewave.com/media_files/nyt2.html.

41. The full report and information about the Finishers Project can be obtained by contacting the organization: P.O. Box 12649, Chandler, AZ 85428-0028. Phone (484) 584-5448 http://www.finishers.org

42. Glenn B. Havumaki, "Where Is the Church When the Hair Turns Gray?" The Standard, Volume 69, Number 7, July/ August, 1979, 31.

43. Glenn B. Havumaki, "Too Old? Never!" The Standard, Volume 75, Number 5, May 1985, 46-47.

44. Harold Herring. "I Am Somebody Because God Don't Make No Junk," http://www.debtfreearmy.org/rich-thoughts- blogs/900-i-am-somebody-because-god-dont-make-no-junk, (Accessed on March 22, 2012).

ENLACES Y MINISTERIOS MENCIONADOS EN EL LIBRO

- **Christ Above Politics** (Cristo por encima de la política), https://christabovepolitics.com PO Box 11 Drasco, AR 72530 Teléfono: (888) 474-4727/ admin@ChristAbovePolitics.com

- **Christian Grandparenting Network** christiangrandparenting.com Sherry Schumann, Presidenta sschumann@christiangrandparenting. Com

- **Servicio Comunitario de Capellanes .** Director Ejecutivo Reverendo William H. Echols PO Box 117 Foxboro, MA 02035 Email: commchap74@ gmail.com Teléfono 508-505-0787 Un ministerio para formar capellanes voluntarios que atiendan las necesidades espirituales de los residentes en Centros de Asistencia.

- **Cuidado de Personas Mayores.** Dr. Tom McCormick Correo electrónico: twmc.gta@ gmail.com Un correo electrónico periódico con muchos recursos de Tom, que es un gran investigador, autor y capellán de residencias de ancianos.

- **ElderQuest: Comprometiendo a las Generaciones** Cavin T. Harper, Director Ejecutivo/Autor/Ponente www.elderquestmin.com Presentador del Seminario: Seminarios sobre Abuelos Valientes; Conferencias sobre Discipulado Familiar; Disciplina Intergeneracional; Abuelos que Crían a Nietos; Libros del Proyecto Rachel: Courageous Grandparenting; Abuelos que crían nietos, Otros se encuentran en el sitio web. Contacto: cavin@cavinharper.com; Teléfono 719-552-1404

- **Elim Park Baptist Home,** Inc. www.elimpark.org Una Comunidad de Jubilados de Atención Continuada situada en el centro de Connecticut, con 500 residentes y más de 350 empleados. Teléfono: 203-272-3547

- **Iglesia Evangélica del Pacto de los Estados Unidos**

  MINISTERIO DE ADULTOS MAYORES: CRESCENDO. https://covchurch.org/make-and-deepen-disciples/crescendo/ Contacto: Evelyn Johnson - emrj217@gmail.com

- **Ministerio God Cares.** Bill Goodrich Presidente y Fundador, Ha incorporado el Ministerio SonShine. Ministerio de Formación y Equipamiento del pueblo de Dios para ayudar a los residentes de residencias de ancianos a encontrar esperanza y paz en Jesús. Mira aquí el vídeo introductorio Recursos útiles en letra grande libros de himnos, vídeos y otros materiales útiles Ministerio de Residencias de Ancianos. Contacto: https://www.godcaresministry.com/ Teléfono: 440-930-9173

- **GRANDS N' CHARGE.** Gloria Williams, fundadora y presidenta. Springfield, MA. Gloria capacita a los abuelos para que comprendan sus derechos y lo que tienen derecho a recibir mientras sus nietos están a su cargo. Contacto: https://www.grandparentsncharge.com/ Teléfono: 413-788-0234

- **MissionNext (antes The Finisher's)** missionnext.org Tanto si quieres servir a tiempo parcial como a tiempo completo, a corto o largo plazo, encontrarás múltiples puestos disponibles en agencias misioneras globales y Escuelas Cristianas que se ajustan a tus habilidades, experiencia y preferencias ministeriales. Completa sólo un perfil y permite que nuestro exclusivo sistema de emparejamiento te proporcione una lista de puestos de trabajo, agencias misioneras y escuelas que encajarían perfectamente contigo. Ponte en contacto con las que más te interesen.

- **Cuidado Espiritual de Ancianos:** Fundadora, Capellán Elisa Bosley en Boulder, CO Ministrando a Adultos Mayores con Enfermedad de Alzheimer y otras Demencias. Hace una gran planificación de servicios de culto para centros de atención, y siempre planifica específicamente servicios para días especiales. Contacto: https://spiritualeldercare.com

- **Ministerios para Adultos Mayores:** Asambleas de Dios (EEUU) https://sam.ag.org/ El Dr. G. Robert (Bob) Cook, Jr. y su esposa, Sherilyn, son los líderes del departamento de Ministerios para Adultos Mayores de las Asambleas de Dios. Contacto por correo electrónico: bobcook@ ag.org Descarga el número actual de Primeline: Número de Primavera de 2023 (PDF).

- **Devocional de los Ministerios para Mayores** Dr. Michael Risley, Director Ejecutivo. Puedes solicitar una copia diaria (L-V) por correo electrónico suscribiéndote en: Solicita el Devocionario de la Vida Diaria online en https://www.seniorlivingministries.org/#devotional-signup

- **Significant Living Travel**, Excursiones dirigidas a personas mayores cristianas Fundada por Christina y Andrew Knowles. Contacto: https:// significantlivingtravel.com/ Teléfono: 760-515-6083

- **The Oldst Ministerio Paradigm.** https://paradigm2.org/ books/ Celebrando el Ministerio hacia y con los Adultos Mayores. Aquí tienes una lista de los libros que todavía están en imprenta o descatalogados. Un buen recurso sobre muchos temas diferentes para este ministerio.

- **The Upper Room Older Adult Ministry**

  https://www.google.com/search?q=the+upper+room+old-eradult+ministry&rlz=1C1GCEU_enUS883US909&o-=The+Upper+Room&aqs=chrome.2.0i131i433i512j69i-64j69i59j0i512j0i131i433i512j69i60l3.24146j1j7&sourceid=chrome&ie=UTF-8